Dive Number: _____
Date: _____
Location: _____
Ocean: _____

☐ Computer Dive

BOTTOM TIME
_____
DEPTH

TIME IN:	TIME OUT:

RNT _____
ABT _____
TBT _____

VISIBILITY:
_____

Bar / psi START	Bar / psi END

TEMP: Air _____ Surface _____ Bottom _____

GEAR USED
BCD: _____
Wetsuit: _____
Fins: _____
Weights: _____ **kg/lbs**
Cylinder: _____ **Litres**

DIVE SHOP STAMP

☐ **Steel** ☐ **Aluminium**
☐ **Fresh** ☐ **Salt** ☐ **Shore** ☐ **Boat** ☐ **Drift** ☐ **Right** ☐ **Training**

Dive Comments:
_____
_____
_____
_____
_____
_____

BOTTOM TIME TO DATE: _____

Time Of This Dive: _____

Cumulative Dive Time: _____

Verification Signature:
_____

☐ **Instructor** ☐ **Divemaster** ☐ **Buddy**

Certification No: _____

Dive Number: _____

Date: _____

Location: _____

Ocean: _____

TIME IN:	TIME OUT:
Bar / psi **START**	**Bar / psi** **END**

SI	PG		PG

☐ Computer Dive

BOTTOM TIME

DEPTH

RNT _____
ABT _____
TBT _____

VISIBILITY: _____

TEMP: Air _____ Surface _____ Bottom _____

DIVE SHOP STAMP

GEAR USED

BCD: _____

Wetsuit: _____

Fins: _____

Weights: _____ **kg/lbs**

Cylinder: _____ **Litres**

☐ **Steel**   ☐ **Aluminium**
☐ **Fresh**   ☐ **Salt**   ☐ **Shore**   ☐ **Boat**   ☐ **Drift**   ☐ **Right**   ☐ **Training**

Dive Comments:

_____

_____

_____

_____

_____

BOTTOM TIME TO DATE: _____	**Verification Signature:**
Time Of This Dive: _____	_____
	☐ **Instructor** ☐ **Divemaster** ☐ **Buddy**
Cumulative Dive Time: _____	**Certification No:** _____

Dive Number: _____

Date: _____

Location: _____

Ocean: _____

SI	PG			PG

☐ Computer Dive

BOTTOM TIME

DEPTH

TIME IN:	TIME OUT:

Bar / psi START	Bar / psi END

RNT _____
ABT _____
TBT _____

VISIBILITY: _____

TEMP: Air _____ Surface _____ Bottom _____

DIVE SHOP STAMP

GEAR USED

BCD: _____

Wetsuit: _____

Fins: _____

Weights: _____ **kg/lbs**

Cylinder: _____ **Litres**

☐ **Steel** ☐ **Aluminium**
☐ **Fresh** ☐ **Salt** ☐ **Shore** ☐ **Boat** ☐ **Drift** ☐ **Right** ☐ **Training**

Dive Comments:

_____
_____
_____
_____
_____
_____

BOTTOM TIME TO DATE: _____

Time Of This Dive: _____

Cumulative Dive Time: _____

Verification Signature:

_____

☐ **Instructor** ☐ **Divemaster** ☐ **Buddy**

Certification No: _____

Dive Number: _____

Date: _____

Location: _____

Ocean: _____

SI	PG		PG
☐ Computer Dive		BOTTOM TIME	
		DEPTH	

TIME IN:	TIME OUT:

Bar / psi START	Bar / psi END

RNT _____
ABT _____
TBT _____

VISIBILITY: _____

TEMP: Air _____ Surface _____ Bottom _____

DIVE SHOP STAMP

GEAR USED
BCD: _____
Wetsuit: _____
Fins: _____
Weights: _____ kg/lbs
Cylinder: _____ Litres

☐ Steel   ☐ Aluminium
☐ Fresh   ☐ Salt   ☐ Shore   ☐ Boat   ☐ Drift   ☐ Right   ☐ Training

Dive Comments:

_____
_____
_____
_____
_____

BOTTOM TIME TO DATE: _____	Verification Signature:
Time Of This Dive: _____	_____
	☐ Instructor ☐ Divemaster ☐ Buddy
Cumulative Dive Time: _____	Certification No: _____

Dive Number: _____
Date: _____
Location: _____
Ocean: _____

TIME IN:	TIME OUT:

Bar / psi START	Bar / psi END

GEAR USED
BCD: _____
Wetsuit: _____
Fins: _____
Weights: _____ **kg/lbs**
Cylinder: _____ **Litres**

□ **Steel**   □ **Aluminium**
□ **Fresh**   □ **Salt**   □ **Shore**   □ **Boat**   □ **Drift**   □ **Right**   □ **Training**

Dive Comments:
_____
_____
_____
_____
_____
_____

SI	PG		PG

□ Computer Dive

BOTTOM TIME
_____
DEPTH

RNT _____
ABT _____
TBT _____

VISIBILITY:
_____

TEMP: Air _____ Surface _____ Bottom _____

DIVE SHOP STAMP

BOTTOM TIME TO DATE: _____	**Verification Signature:**
Time Of This Dive: _____	_____
Cumulative Dive Time: _____	□ **Instructor** □ **Divemaster** □ **Buddy** Certification No: _____

Dive Number: _____

Date: _____

Location: _____

Ocean: _____

SI	PG		PG
Computer Dive	BOTTOM TIME		
DEPTH			

TIME IN:	TIME OUT:

RNT _____
ABT _____
TBT _____

VISIBILITY: _____

Bar / psi START	Bar / psi END

TEMP: Air _____ Surface _____ Bottom _____

GEAR USED

BCD: _____

Wetsuit: _____

Fins: _____

Weights: _____ kg/lbs

Cylinder: _____ Litres

DIVE SHOP STAMP

□ Steel   □ Aluminium
□ Fresh   □ Salt   □ Shore   □ Boat   □ Drift   □ Right   □ Training

Dive Comments:

_____
_____
_____
_____
_____

BOTTOM TIME TO DATE: _____	Verification Signature:
Time Of This Dive: _____	_____
	□ Instructor □ Divemaster □ Buddy
Cumulative Dive Time: _____	Certification No: _____

Dive Number: _____

Date: _____

Location: _____

Ocean: _____

SI	PG		PG

☐ Computer Dive

BOTTOM TIME

DEPTH

TIME IN:	TIME OUT:

Bar / psi START	Bar / psi END

RNT _____
ABT _____
TBT _____

VISIBILITY:
_____

TEMP: Air _____ Surface _____ Bottom _____

GEAR USED
BCD: _____
Wetsuit: _____
Fins: _____
Weights: _____ **kg/lbs**
Cylinder: _____ **Litres**

☐ **Steel**   ☐ **Aluminium**
☐ **Fresh**   ☐ **Salt**   ☐ **Shore**   ☐ **Boat**   ☐ **Drift**   ☐ **Right**   ☐ **Training**

DIVE SHOP STAMP

Dive Comments:

_____
_____
_____
_____
_____

BOTTOM TIME TO
DATE: _____

Time Of This Dive: _____

Cumulative Dive
Time: _____

Verification Signature:

_____

☐ **Instructor** ☐ **Divemaster** ☐ **Buddy**

Certification No: _____

Dive Number: _____

Date: _____

Location: _____

Ocean: _____

SI	PG		PG

☐ Computer Dive

BOTTOM TIME

DEPTH

TIME IN:	TIME OUT:

Bar / psi START	Bar / psi END

RNT _____
ABT _____
TBT _____

VISIBILITY: _____

TEMP: Air _____ Surface _____ Bottom _____

DIVE SHOP STAMP

GEAR USED
BCD: _____
Wetsuit: _____
Fins: _____
Weights: _____ **kg/lbs**
Cylinder: _____ **Litres**

☐ **Steel**   ☐ **Aluminium**
☐ **Fresh**   ☐ **Salt**   ☐ **Shore**   ☐ **Boat**   ☐ **Drift**   ☐ **Right**   ☐ **Training**

Dive Comments:

_____
_____
_____
_____
_____

BOTTOM TIME TO DATE: _____

Time Of This Dive: _____

Cumulative Dive Time: _____

Verification Signature:

_____

☐ Instructor   ☐ Divemaster   ☐ Buddy

Certification No: _____

Dive Number: _____

Date: _____

Location: _____

Ocean: _____

SI	PG		PG

☐ Computer Dive

BOTTOM TIME _____

DEPTH

TIME IN:	TIME OUT:

RNT _____
ABT _____
TBT _____

VISIBILITY: _____

Bar / psi START	Bar / psi END

TEMP: Air _____ Surface _____ Bottom _____

GEAR USED

BCD: _____

Wetsuit: _____

Fins: _____

Weights: _____ kg/lbs

Cylinder: _____ Litres

DIVE SHOP STAMP

☐ Steel   ☐ Aluminium
☐ Fresh   ☐ Salt   ☐ Shore   ☐ Boat   ☐ Drift   ☐ Right   ☐ Training

Dive Comments:

_____
_____
_____
_____
_____
_____

BOTTOM TIME TO DATE: _____

Time Of This Dive: _____

Cumulative Dive Time: _____

Verification Signature:

_____

☐ Instructor   ☐ Divemaster   ☐ Buddy

Certification No: _____

Dive Number: _____

Date: _____

Location: _____

Ocean: _____

SI	PG		PG

☐ Computer Dive

BOTTOM TIME

DEPTH

TIME IN:	TIME OUT:

Bar / psi START	Bar / psi END

RNT _____
ABT _____
TBT _____

VISIBILITY: _____

TEMP: Air _____ Surface _____ Bottom _____

DIVE SHOP STAMP

GEAR USED
BCD: _____
Wetsuit: _____
Fins: _____
Weights: _____ **kg/lbs**
Cylinder: _____ **Litres**

☐ **Steel** ☐ **Aluminium**
☐ **Fresh** ☐ **Salt** ☐ **Shore** ☐ **Boat** ☐ **Drift** ☐ **Right** ☐ **Training**

Dive Comments:
_____
_____
_____
_____
_____

BOTTOM TIME TO DATE: _____

Time Of This Dive: _____

Cumulative Dive Time: _____

Verification Signature:

_____

☐ **Instructor** ☐ **Divemaster** ☐ **Buddy**

Certification No: _____

Dive Number: _____

Date: _____

Location: _____

Ocean: _____

SI	PG		PG

☐ Computer Dive

BOTTOM TIME
_____
DEPTH

TIME IN:	TIME OUT:

Bar / psi START	Bar / psi END

RNT _____
ABT _____
TBT _____

VISIBILITY:
_____

TEMP: Air _____ Surface _____ Bottom _____

DIVE SHOP STAMP

GEAR USED
BCD: _____
Wetsuit: _____
Fins: _____
Weights: _____ **kg/lbs**
Cylinder: _____ **Litres**

☐ **Steel**   ☐ **Aluminium**
☐ **Fresh**   ☐ **Salt**   ☐ **Shore**   ☐ **Boat**   ☐ **Drift**   ☐ **Right**   ☐ **Training**

Dive Comments:

_____
_____
_____
_____
_____

BOTTOM TIME TO
DATE: _____

Time Of This Dive: _____

Cumulative Dive
Time: _____

Verification Signature:

_____

☐ **Instructor** ☐ **Divemaster** ☐ **Buddy**

Certification No: _____

Dive Number: _____

Date: _____

Location: _____

Ocean: _____

TIME IN:	TIME OUT:
Bar / psi START	Bar / psi END

GEAR USED

BCD: _____

Wetsuit: _____

Fins: _____

Weights: _____ **kg/lbs**

Cylinder: _____ **Litres**

□ **Steel**　□ **Aluminium**
□ **Fresh**　□ **Salt**　□ **Shore**　□ **Boat**　□ **Drift**　□ **Right**　□ **Training**

Dive Comments:

_____
_____
_____
_____
_____

SI	PG		PG

□ Computer Dive

BOTTOM TIME

DEPTH

RNT_____
ABT _____
TBT _____

VISIBILITY:
_____

TEMP: Air _____ Surface _____ Bottom _____

DIVE SHOP STAMP

BOTTOM TIME TO DATE: _____	**Verification Signature:**
Time Of This Dive: _____	_____
	□ **Instructor** □ **Divemaster** □ **Buddy**
Cumulative Dive Time: _____	**Certification No:** _____

Dive Number: _____

Date: _____

Location: _____

Ocean: _____

TIME IN:	TIME OUT:

Bar / psi START	Bar / psi END

SI	PG		PG

☐ Computer Dive

BOTTOM TIME

DEPTH

RNT _____ ABT _____ TBT _____	VISIBILITY: _____

TEMP: Air _____ Surface _____ Bottom _____

DIVE SHOP STAMP

GEAR USED

BCD: _____

Wetsuit: _____

Fins: _____

Weights: _____ **kg/lbs**

Cylinder: _____ **Litres**

☐ **Steel**   ☐ **Aluminium**
☐ **Fresh**   ☐ **Salt**   ☐ **Shore**   ☐ **Boat**   ☐ **Drift**   ☐ **Right**   ☐ **Training**

Dive Comments:

_____
_____
_____
_____
_____
_____

BOTTOM TIME TO DATE: _____	**Verification Signature:**
Time Of This Dive: _____	_____
Cumulative Dive Time: _____	☐ **Instructor** ☐ **Divemaster** ☐ **Buddy**
	Certification No: _____

Dive Number: _____

Date: _____

Location: _____

Ocean: _____

TIME IN:	TIME OUT:

Bar / psi START	Bar / psi END

SI	PG		PG

☐ Computer Dive

BOTTOM TIME

DEPTH

RNT _____
ABT _____
TBT _____

VISIBILITY: _____

TEMP: Air _____ Surface _____ Bottom _____

DIVE SHOP STAMP

GEAR USED

BCD: _____

Wetsuit: _____

Fins: _____

Weights: _____ **kg/lbs**

Cylinder: _____ **Litres**

☐ **Steel**   ☐ **Aluminium**
☐ **Fresh**   ☐ **Salt**   ☐ **Shore**   ☐ **Boat**   ☐ **Drift**   ☐ **Right**   ☐ **Training**

Dive Comments:

_____

_____

_____

_____

_____

BOTTOM TIME TO DATE: _____

Time Of This Dive: _____

Cumulative Dive Time: _____

Verification Signature:

_____

☐ Instructor ☐ Divemaster ☐ Buddy

Certification No: _____

Dive Number: _____
Date: _____
Location: _____
Ocean: _____

SI	PG		PG

☐ Computer Dive

BOTTOM TIME

DEPTH

TIME IN:	TIME OUT:

Bar / psi START	Bar / psi END

RNT_____
ABT_____
TBT_____

VISIBILITY:
_____

TEMP: Air _____ Surface _____ Bottom _____

GEAR USED
BCD: _____
Wetsuit: _____
Fins: _____
Weights: _____ **kg/lbs**
Cylinder: _____ **Litres**

DIVE SHOP STAMP

☐ **Steel** ☐ **Aluminium**
☐ **Fresh** ☐ **Salt** ☐ **Shore** ☐ **Boat** ☐ **Drift** ☐ **Right** ☐ **Training**

Dive Comments:

_____
_____
_____
_____
_____
_____

BOTTOM TIME TO DATE: _____	**Verification Signature:**
Time Of This Dive: _____	_____
	☐ **Instructor** ☐ **Divemaster** ☐ **Buddy**
Cumulative Dive Time: _____	**Certification No:** _____

Dive Number: _____

Date: _____

Location: _____

Ocean: _____

SI	PG		PG

☐ Computer Dive

BOTTOM TIME

_____

DEPTH

TIME IN:	TIME OUT:

Bar / psi START	Bar / psi END

RNT_____
ABT _____
TBT _____

VISIBILITY:
_____

TEMP: Air _____ Surface _____ Bottom _____

GEAR USED

BCD: _____

Wetsuit: _____

Fins: _____

Weights: _____ kg/lbs

Cylinder: _____ Litres

DIVE SHOP STAMP

☐ Steel ☐ Aluminium
☐ Fresh ☐ Salt ☐ Shore ☐ Boat ☐ Drift ☐ Right ☐ Training

Dive Comments:

_____
_____
_____
_____
_____
_____

BOTTOM TIME TO DATE: _____

Time Of This Dive: _____

Cumulative Dive Time: _____

Verification Signature:

_____

☐ Instructor ☐ Divemaster ☐ Buddy

Certification No: _____

Dive Number: _____

Date: _____
Location: _____
Ocean: _____

TIME IN:	TIME OUT:
Bar / psi START	Bar / psi END

SI	PG		PG

☐ Computer Dive

BOTTOM TIME

_____

DEPTH

RNT _____	VISIBILITY:
ABT _____	_____
TBT _____	

TEMP: Air _____ Surface _____ Bottom _____

DIVE SHOP STAMP

GEAR USED
BCD: _____
Wetsuit: _____
Fins: _____
Weights: _____ **kg/lbs**
Cylinder: _____ **Litres**

☐ **Steel**   ☐ **Aluminium**
☐ **Fresh**   ☐ **Salt**   ☐ **Shore**   ☐ **Boat**   ☐ **Drift**   ☐ **Right**   ☐ **Training**

Dive Comments:
_____
_____
_____
_____
_____
_____

BOTTOM TIME TO DATE: _____	**Verification Signature:**
Time Of This Dive: _____	_____
	☐ Instructor ☐ Divemaster ☐ Buddy
Cumulative Dive Time: _____	Certification No: _____

Dive Number: _____

Date: _____

Location: _____

Ocean: _____

SI	PG		PG
☐ Computer Dive	BOTTOM TIME		
	DEPTH		

TIME IN:	TIME OUT:

RNT_____
ABT _____
TBT _____

VISIBILITY:
_____

Bar / psi START	Bar / psi END

TEMP: Air _____ Surface _____ Bottom _____

GEAR USED
BCD: _____
Wetsuit: _____
Fins: _____
Weights: _____ **kg/lbs**
Cylinder: _____ **Litres**

DIVE SHOP STAMP

☐ Steel   ☐ Aluminium
☐ Fresh   ☐ Salt   ☐ Shore   ☐ Boat   ☐ Drift   ☐ Right   ☐ Training

Dive Comments:
_____
_____
_____
_____
_____

BOTTOM TIME TO DATE: _____

Time Of This Dive: _____

Cumulative Dive Time: _____

Verification Signature:

_____

☐ Instructor ☐ Divemaster ☐ Buddy

Certification No: _____

Dive Number: _____

Date: _____

Location: _____

Ocean: _____

TIME IN:	TIME OUT:

Bar / psi START	Bar / psi END

GEAR USED

BCD: _____

Wetsuit: _____

Fins: _____

Weights: _____ **kg/lbs**

Cylinder: _____ **Litres**

□ **Steel**   □ **Aluminium**
□ **Fresh**   □ **Salt**   □ **Shore**   □ **Boat**   □ **Drift**   □ **Right**   □ **Training**

Dive Comments:

_____

_____

_____

_____

_____

_____

SI	PG		PG

□ Computer Dive

BOTTOM TIME
_____
DEPTH

RNT _____
ABT _____
TBT _____

VISIBILITY:
_____

TEMP: Air _____ Surface _____ Bottom _____

DIVE SHOP STAMP

BOTTOM TIME TO DATE: _____	Verification Signature:
Time Of This Dive: _____	_____
	□ Instructor □ Divemaster □ Buddy
Cumulative Dive Time: _____	Certification No: _____

Dive Number: _____

Date: _____

Location: _____

Ocean: _____

SI	PG		PG

☐ Computer Dive

BOTTOM TIME
_____

DEPTH

TIME IN:	TIME OUT:

RNT _____
ABT _____
TBT _____

VISIBILITY:
_____

Bar / psi START	Bar / psi END

TEMP: Air _____ Surface _____ Bottom _____

GEAR USED

BCD: _____

Wetsuit: _____

Fins: _____

Weights: _____ **kg/lbs**

Cylinder: _____ **Litres**

DIVE SHOP STAMP

☐ **Steel**   ☐ **Aluminium**
☐ **Fresh**   ☐ **Salt**   ☐ **Shore**   ☐ **Boat**   ☐ **Drift**   ☐ **Right**   ☐ **Training**

Dive Comments:

_____
_____
_____
_____
_____

BOTTOM TIME TO DATE: _____

Time Of This Dive: _____

Cumulative Dive Time: _____

Verification Signature:

_____

☐ Instructor ☐ Divemaster ☐ Buddy

Certification No: _____

Dive Number: _____

Date: _____

Location: _____

Ocean: _____

SI	PG		PG

☐ Computer Dive

BOTTOM TIME
_____
DEPTH

TIME IN:	TIME OUT:

Bar / psi START	Bar / psi END

RNT _____
ABT _____
TBT _____

VISIBILITY:
_____

TEMP: Air _____ Surface _____ Bottom _____

DIVE SHOP STAMP

GEAR USED

BCD: _____

Wetsuit: _____

Fins: _____

Weights: _____ **kg/lbs**

Cylinder: _____ **Litres**

☐ **Steel**   ☐ **Aluminium**
☐ **Fresh**   ☐ **Salt**   ☐ **Shore**   ☐ **Boat**   ☐ **Drift**   ☐ **Right**   ☐ **Training**

Dive Comments:

_____

_____

_____

_____

_____

BOTTOM TIME TO DATE: _____	Verification Signature:
Time Of This Dive: _____	_____
Cumulative Dive Time: _____	☐ Instructor ☐ Divemaster ☐ Buddy
	Certification No: _____

Dive Number: _____

Date: _____

Location: _____

Ocean: _____

TIME IN:	TIME OUT:

Bar / psi START	Bar / psi END

GEAR USED

BCD: _____

Wetsuit: _____

Fins: _____

Weights: _____ **kg/lbs**

Cylinder: _____ **Litres**

☐ **Steel** ☐ **Aluminium**
☐ **Fresh** ☐ **Salt** ☐ **Shore** ☐ **Boat** ☐ **Drift** ☐ **Right** ☐ **Training**

Dive Comments:

_____
_____
_____
_____
_____

SI	PG		PG

☐ Computer Dive

BOTTOM TIME

DEPTH

RNT_____
ABT _____
TBT _____

VISIBILITY: _____

TEMP: Air _____ Surface _____ Bottom _____

DIVE SHOP STAMP

BOTTOM TIME TO DATE:	_____
Time Of This Dive:	_____
Cumulative Dive Time:	_____

Verification Signature:

_____

☐ **Instructor** ☐ **Divemaster** ☐ **Buddy**

Certification No: _____

Dive Number: _____

Date: _____

Location: _____

Ocean: _____

| SI | PG | | PG |

☐ Computer Dive

BOTTOM TIME

DEPTH

TIME IN:	TIME OUT:

Bar / psi START	Bar / psi END

RNT _____
ABT _____
TBT _____

VISIBILITY: _____

TEMP: Air _____ Surface _____ Bottom _____

GEAR USED
BCD: _____
Wetsuit: _____
Fins: _____
Weights: _____ kg/lbs
Cylinder: _____ Litres

DIVE SHOP STAMP

☐ Steel   ☐ Aluminium
☐ Fresh   ☐ Salt   ☐ Shore   ☐ Boat   ☐ Drift   ☐ Right   ☐ Training

Dive Comments:
_____
_____
_____
_____
_____

BOTTOM TIME TO DATE: _____

Time Of This Dive: _____

Cumulative Dive Time: _____

Verification Signature:

_____

☐ Instructor ☐ Divemaster ☐ Buddy

Certification No: _____

Dive Number: _____

Date: _____

Location: _____

Ocean: _____

| SI | PG | | PG |

☐ Computer Dive

BOTTOM TIME

DEPTH

TIME IN:	TIME OUT:

Bar / psi START	Bar / psi END

RNT _____
ABT _____
TBT _____

VISIBILITY:
_____

TEMP: Air _____ Surface _____ Bottom _____

GEAR USED
BCD: _____

Wetsuit: _____

Fins: _____

Weights: _____ **kg/lbs**

Cylinder: _____ **Litres**

DIVE SHOP STAMP

☐ **Steel**   ☐ **Aluminium**

☐ **Fresh**   ☐ **Salt**   ☐ **Shore**   ☐ **Boat**   ☐ **Drift**   ☐ **Right**   ☐ **Training**

Dive Comments:

_____

_____

_____

_____

_____

BOTTOM TIME TO
DATE: _____

Time Of This Dive: _____

Cumulative Dive
Time: _____

Verification Signature:

_____

☐ Instructor ☐ Divemaster ☐ Buddy

Certification No: _____

Dive Number: _____

Date: _____

Location: _____

Ocean: _____

SI	PG		PG

☐ Computer Dive

BOTTOM TIME

DEPTH

TIME IN:	TIME OUT:

RNT _____
ABT _____
TBT _____

VISIBILITY:
_____

Bar / psi START	Bar / psi END

TEMP: Air _____ Surface _____ Bottom _____

GEAR USED

BCD: _____

Wetsuit: _____

Fins: _____

Weights: _____ **kg/lbs**

Cylinder: _____ **Litres**

DIVE SHOP STAMP

☐ **Steel**   ☐ **Aluminium**
☐ **Fresh**   ☐ **Salt**   ☐ **Shore**   ☐ **Boat**   ☐ **Drift**   ☐ **Right**   ☐ **Training**

Dive Comments:

_____
_____
_____
_____
_____
_____

BOTTOM TIME TO DATE: _____	**Verification Signature:**
Time Of This Dive: _____	_____
Cumulative Dive Time: _____	☐ **Instructor** ☐ **Divemaster** ☐ **Buddy**
	Certification No: _____

Dive Number: _____

Date: _____

Location: _____

Ocean: _____

SI	PG		PG

☐ Computer Dive

BOTTOM TIME

DEPTH

TIME IN:	TIME OUT:

Bar / psi START	Bar / psi END

RNT _____
ABT _____
TBT _____

VISIBILITY: _____

TEMP: Air _____ Surface _____ Bottom _____

GEAR USED
BCD: _____
Wetsuit: _____
Fins: _____
Weights: _____ kg/lbs
Cylinder: _____ Litres

DIVE SHOP STAMP

☐ Steel   ☐ Aluminium
☐ Fresh   ☐ Salt   ☐ Shore   ☐ Boat   ☐ Drift   ☐ Right   ☐ Training

Dive Comments:

_____
_____
_____
_____
_____

BOTTOM TIME TO DATE: _____

Time Of This Dive: _____

Cumulative Dive Time: _____

Verification Signature:

_____

☐ Instructor   ☐ Divemaster   ☐ Buddy

Certification No: _____

Dive Number: _____
Date: _____
Location: _____
Ocean: _____

SI	PG		PG

☐ Computer Dive

BOTTOM TIME
_____
DEPTH

TIME IN:	TIME OUT:

Bar / psi START	Bar / psi END

RNT _____
ABT _____
TBT _____

VISIBILITY:
_____

TEMP: Air _____ Surface _____ Bottom _____

GEAR USED
BCD: _____
Wetsuit: _____
Fins: _____
Weights: _____ **kg/lbs**
Cylinder: _____ **Litres**

☐ **Steel** ☐ **Aluminium**
☐ **Fresh** ☐ **Salt** ☐ **Shore** ☐ **Boat** ☐ **Drift** ☐ **Right** ☐ **Training**

DIVE SHOP STAMP

Dive Comments:
_____
_____
_____
_____
_____
_____

BOTTOM TIME TO DATE: _____

Time Of This Dive: _____

Cumulative Dive Time: _____

Verification Signature:
_____

☐ **Instructor** ☐ **Divemaster** ☐ **Buddy**

Certification No: _____

Dive Number: _____

Date: _____

Location: _____

Ocean: _____

SI	PG		PG

☐ Computer Dive

BOTTOM TIME

DEPTH

TIME IN:	TIME OUT:

RNT _____
ABT _____
TBT _____

VISIBILITY: _____

Bar / psi START	Bar / psi END

TEMP: Air _____ Surface _____ Bottom _____

GEAR USED

BCD: _____

Wetsuit: _____

Fins: _____

Weights: _____ **kg/lbs**

Cylinder: _____ **Litres**

DIVE SHOP STAMP

☐ **Steel**   ☐ **Aluminium**
☐ **Fresh**   ☐ **Salt**   ☐ **Shore**   ☐ **Boat**   ☐ **Drift**   ☐ **Right**   ☐ **Training**

Dive Comments:

_____
_____
_____
_____
_____

BOTTOM TIME TO DATE: _____	**Verification Signature:**
Time Of This Dive: _____	_____
	☐ **Instructor** ☐ **Divemaster** ☐ **Buddy**
Cumulative Dive Time: _____	**Certification No:** _____

Dive Number: _____

Date: _____

Location: _____

Ocean: _____

TIME IN:	TIME OUT:

Bar / psi START	Bar / psi END

GEAR USED

BCD: _____

Wetsuit: _____

Fins: _____

Weights: _____ **kg/lbs**

Cylinder: _____ **Litres**

☐ **Steel**   ☐ **Aluminium**

☐ **Fresh**   ☐ **Salt**   ☐ **Shore**   ☐ **Boat**   ☐ **Drift**   ☐ **Right**   ☐ **Training**

Dive Comments:

_____
_____
_____
_____
_____

SI	PG		PG

☐ Computer Dive

BOTTOM TIME
_____
DEPTH

RNT _____ ABT _____ TBT _____	VISIBILITY: _____

TEMP: Air _____ Surface _____ Bottom _____

DIVE SHOP STAMP

BOTTOM TIME TO DATE: _____	**Verification Signature:**
Time Of This Dive: _____	_____
Cumulative Dive Time: _____	☐ **Instructor** ☐ **Divemaster** ☐ **Buddy** Certification No: _____

Dive Number: _____

Date: _____

Location: _____

Ocean: _____

SI	PG		PG

☐ Computer Dive

BOTTOM TIME _____

DEPTH _____

TIME IN:	TIME OUT:

Bar / psi START	Bar / psi END

RNT _____
ABT _____
TBT _____

VISIBILITY: _____

TEMP: Air _____ Surface _____ Bottom _____

GEAR USED

BCD: _____

Wetsuit: _____

Fins: _____

Weights: _____ **kg/lbs**

Cylinder: _____ **Litres**

DIVE SHOP STAMP

☐ **Steel**   ☐ **Aluminium**

☐ **Fresh**   ☐ **Salt**   ☐ **Shore**   ☐ **Boat**   ☐ **Drift**   ☐ **Right**   ☐ **Training**

Dive Comments:

_____

_____

_____

_____

_____

BOTTOM TIME TO DATE: _____	Verification Signature:
Time Of This Dive: _____	_____
	☐ Instructor ☐ Divemaster ☐ Buddy
Cumulative Dive Time: _____	Certification No: _____

Dive Number: _____

Date: _____

Location: _____

Ocean: _____

| SI | PG | | PG |

Computer Dive

BOTTOM TIME

DEPTH

TIME IN:	TIME OUT:

Bar / psi START	Bar / psi END

RNT _____
ABT _____
TBT _____

VISIBILITY:
_____

TEMP: Air _____ Surface _____ Bottom _____

DIVE SHOP STAMP

GEAR USED

BCD: _____

Wetsuit: _____

Fins: _____

Weights: _____ **kg/lbs**

Cylinder: _____ **Litres**

□ **Steel**   □ **Aluminium**

□ **Fresh**   □ **Salt**   □ **Shore**   □ **Boat**   □ **Drift**   □ **Right**   □ **Training**

Dive Comments:

_____

_____

_____

_____

_____

_____

BOTTOM TIME TO DATE: _____

Time Of This Dive: _____

Cumulative Dive Time: _____

Verification Signature:

_____

□ **Instructor** □ **Divemaster** □ **Buddy**

Certification No: _____

Dive Number: _____

Date: _____

Location: _____

Ocean: _____

SI	PG		PG

☐ Computer Dive

BOTTOM TIME

DEPTH

TIME IN:	TIME OUT:

Bar / psi START	Bar / psi END

RNT_____
ABT _____
TBT _____

VISIBILITY:
_____

TEMP: Air _____ Surface _____ Bottom _____

GEAR USED

BCD: _____

Wetsuit: _____

Fins: _____

Weights: _____ kg/lbs

Cylinder: _____ Litres

DIVE SHOP STAMP

☐ Steel   ☐ Aluminium

☐ Fresh   ☐ Salt   ☐ Shore   ☐ Boat   ☐ Drift   ☐ Right   ☐ Training

Dive Comments:

_____

_____

_____

_____

_____

BOTTOM TIME TO DATE: _____	Verification Signature:
Time Of This Dive: _____	_____
	☐ Instructor ☐ Divemaster ☐ Buddy
Cumulative Dive Time: _____	Certification No: _____

Dive Number: _____

Date: _____

Location: _____

Ocean: _____

SI	PG		PG

☐ Computer Dive

BOTTOM TIME

DEPTH

TIME IN:	TIME OUT:

Bar / psi START	Bar / psi END

RNT_____
ABT _____
TBT _____

VISIBILITY: _____

TEMP: Air _____ Surface _____ Bottom _____

GEAR USED
BCD: _____
Wetsuit: _____
Fins: _____
Weights: _____ **kg/lbs**
Cylinder: _____ **Litres**

DIVE SHOP STAMP

☐ **Steel**   ☐ **Aluminium**
☐ **Fresh**   ☐ **Salt**   ☐ **Shore**   ☐ **Boat**   ☐ **Drift**   ☐ **Right**   ☐ **Training**

Dive Comments:

_____
_____
_____
_____
_____

BOTTOM TIME TO DATE: _____	**Verification Signature:**
Time Of This Dive: _____	_____
	☐ **Instructor** ☐ **Divemaster** ☐ **Buddy**
Cumulative Dive Time: _____	**Certification No:** _____

Dive Number: _____
Date: _____
Location: _____
Ocean: _____

SI	PG		PG

☐ Computer Dive

BOTTOM TIME

DEPTH

TIME IN:	TIME OUT:

Bar / psi START	Bar / psi END

GEAR USED
BCD: _____
Wetsuit: _____
Fins: _____
Weights: _____ **kg/lbs**
Cylinder: _____ **Litres**

☐ Steel ☐ Aluminium
☐ Fresh ☐ Salt ☐ Shore ☐ Boat ☐ Drift ☐ Right ☐ Training

RNT_____
ABT _____
TBT _____

VISIBILITY:
_____

TEMP: Air ____ Surface ____ Bottom ____

DIVE SHOP STAMP

Dive Comments:
_____
_____
_____
_____
_____

BOTTOM TIME TO DATE: _____

Time Of This Dive: _____

Cumulative Dive Time: _____

Verification Signature:

_____

☐ Instructor ☐ Divemaster ☐ Buddy

Certification No: _____

Dive Number: _____

Date: _____

Location: _____

Ocean: _____

SI	PG		PG

□ Computer Dive

BOTTOM TIME
_____

DEPTH

TIME IN:	TIME OUT:

Bar / psi START	Bar / psi END

RNT _____
ABT _____
TBT _____

VISIBILITY:
_____

TEMP: Air _____ Surface _____ Bottom _____

DIVE SHOP STAMP

GEAR USED
BCD: _____
Wetsuit: _____
Fins: _____
Weights: _____ **kg/lbs**
Cylinder: _____ **Litres**

□ **Steel**   □ **Aluminium**
□ **Fresh**   □ **Salt**   □ **Shore**   □ **Boat**   □ **Drift**   □ **Right**   □ **Training**

Dive Comments:
_____
_____
_____
_____
_____
_____

BOTTOM TIME TO DATE: _____	Verification Signature:
Time Of This Dive: _____	_____
	□ Instructor □ Divemaster □ Buddy
Cumulative Dive Time: _____	Certification No: _____

Dive Number: _____

Date: _____

Location: _____

Ocean: _____

SI	PG		PG

☐ Computer Dive

BOTTOM TIME
_____
DEPTH

TIME IN:	TIME OUT:
Bar / psi **START**	**Bar / psi** **END**

RNT_____
ABT _____
TBT _____

VISIBILITY:
_____

TEMP: Air _____ Surface _____ Bottom _____

DIVE SHOP STAMP

GEAR USED

BCD: _____

Wetsuit: _____

Fins: _____

Weights: _____ kg/lbs

Cylinder: _____ Litres

☐ Steel   ☐ Aluminium
☐ Fresh   ☐ Salt   ☐ Shore   ☐ Boat   ☐ Drift   ☐ Right   ☐ Training

Dive Comments:

_____

_____

_____

_____

_____

BOTTOM TIME TO DATE: _____	Verification Signature:
Time Of This Dive: _____	_____
Cumulative Dive Time: _____	☐ Instructor ☐ Divemaster ☐ Buddy
	Certification No: _____

Dive Number: _____

Date: _____

Location: _____

Ocean: _____

TIME IN:	TIME OUT:
Bar / psi START	Bar / psi END

GEAR USED

BCD: _____

Wetsuit: _____

Fins: _____

Weights: _____ **kg/lbs**

Cylinder: _____ **Litres**

☐ **Steel**   ☐ **Aluminium**
☐ **Fresh**   ☐ **Salt**   ☐ **Shore**   ☐ **Boat**   ☐ **Drift**   ☐ **Right**   ☐ **Training**

Dive Comments:

_____
_____
_____
_____
_____

| SI | PG | | PG |

☐ Computer Dive

BOTTOM TIME

DEPTH

RNT _____	VISIBILITY:
ABT _____	_____
TBT _____	

TEMP: Air _____ Surface _____ Bottom _____

DIVE SHOP STAMP

BOTTOM TIME TO DATE: _____	**Verification Signature:**
Time Of This Dive: _____	_____
Cumulative Dive Time: _____	☐ **Instructor** ☐ **Divemaster** ☐ **Buddy**
	Certification No: _____

Dive Number: _____

Date: _____

Location: _____

Ocean: _____

SI	PG		PG

☐ Computer Dive

BOTTOM TIME
_____
DEPTH

TIME IN:	TIME OUT:

Bar / psi START	Bar / psi END

RNT_____
ABT _____
TBT _____

VISIBILITY:
_____

TEMP: Air _____ Surface _____ Bottom _____

GEAR USED

BCD: _____

Wetsuit: _____

Fins: _____

Weights: _____ **kg/lbs**

Cylinder: _____ **Litres**

DIVE SHOP STAMP

☐ **Steel**   ☐ **Aluminium**

☐ **Fresh**   ☐ **Salt**   ☐ **Shore**   ☐ **Boat**   ☐ **Drift**   ☐ **Right**   ☐ **Training**

Dive Comments:

_____
_____
_____
_____
_____

BOTTOM TIME TO DATE: _____	Verification Signature:
Time Of This Dive: _____	_____
	☐ Instructor ☐ Divemaster ☐ Buddy
Cumulative Dive Time: _____	Certification No: _____

Dive Number: _____

Date: _____

Location: _____

Ocean: _____

SI	PG		PG

☐ Computer Dive

BOTTOM TIME
_____
DEPTH

TIME IN:	TIME OUT:

Bar / psi START	Bar / psi END

RNT _____
ABT _____
TBT _____

VISIBILITY:
_____

TEMP: Air _____ Surface _____ Bottom _____

GEAR USED

BCD: _____

Wetsuit: _____

Fins: _____

Weights: _____ **kg/lbs**

Cylinder: _____ **Litres**

DIVE SHOP STAMP

☐ **Steel**   ☐ **Aluminium**

☐ **Fresh**   ☐ **Salt**   ☐ **Shore**   ☐ **Boat**   ☐ **Drift**   ☐ **Right**   ☐ **Training**

Dive Comments:

_____
_____
_____
_____
_____
_____

BOTTOM TIME TO DATE: _____	**Verification Signature:**
Time Of This Dive: _____	_____
	☐ Instructor ☐ Divemaster ☐ Buddy
Cumulative Dive Time: _____	Certification No: _____

Dive Number: _____

Date: _____

Location: _____

Ocean: _____

SI	PG		PG

☐ Computer Dive

BOTTOM TIME

DEPTH

TIME IN:	TIME OUT:
Bar / psi START	Bar / psi END

RNT _____
ABT _____
TBT _____

VISIBILITY:
_____

TEMP: Air _____ Surface _____ Bottom _____

DIVE SHOP STAMP

GEAR USED
BCD: _____
Wetsuit: _____
Fins: _____
Weights: _____ **kg/lbs**
Cylinder: _____ **Litres**

☐ **Steel** ☐ **Aluminium**
☐ **Fresh** ☐ **Salt** ☐ **Shore** ☐ **Boat** ☐ **Drift** ☐ **Right** ☐ **Training**

Dive Comments:
_____
_____
_____
_____
_____

BOTTOM TIME TO
DATE: _____

Time Of This Dive: _____

Cumulative Dive
Time: _____

Verification Signature:

_____

☐ Instructor ☐ Divemaster ☐ Buddy

Certification No: _____

Dive Number: _____

Date: _____

Location: _____

Ocean: _____

SI	PG		PG

☐ Computer Dive

BOTTOM TIME

DEPTH

TIME IN:	TIME OUT:

RNT _____
ABT _____
TBT _____

VISIBILITY: _____

Bar / psi START	Bar / psi END

TEMP: Air _____ Surface _____ Bottom _____

GEAR USED

BCD: _____

Wetsuit: _____

Fins: _____

Weights: _____ **kg/lbs**

Cylinder: _____ **Litres**

DIVE SHOP STAMP

☐ **Steel**   ☐ **Aluminium**

☐ **Fresh**   ☐ **Salt**   ☐ **Shore**   ☐ **Boat**   ☐ **Drift**   ☐ **Right**   ☐ **Training**

Dive Comments:

_____
_____
_____
_____
_____

BOTTOM TIME TO DATE: _____

Time Of This Dive: _____

Cumulative Dive Time: _____

Verification Signature:

_____

☐ **Instructor** ☐ **Divemaster** ☐ **Buddy**

Certification No: _____

Dive Number: _____

Date: _____

Location: _____

Ocean: _____

| SI | PG | | PG |

☐ Computer Dive

BOTTOM TIME

DEPTH

TIME IN:	TIME OUT:

Bar / psi START	Bar / psi END

RNT_____
ABT _____
TBT _____

VISIBILITY: _____

TEMP: Air _____ Surface _____ Bottom _____

DIVE SHOP STAMP

GEAR USED
BCD: _____

Wetsuit: _____

Fins: _____

Weights: _____ **kg/lbs**

Cylinder: _____ **Litres**

☐ **Steel**   ☐ **Aluminium**
☐ **Fresh**   ☐ **Salt**   ☐ **Shore**   ☐ **Boat**   ☐ **Drift**   ☐ **Right**   ☐ **Training**

Dive Comments:

_____
_____
_____
_____
_____
_____

BOTTOM TIME TO DATE: _____

Time Of This Dive: _____

Cumulative Dive Time: _____

Verification Signature:

_____

☐ **Instructor** ☐ **Divemaster** ☐ **Buddy**

Certification No: _____

Dive Number: _____

Date: _____

Location: _____

Ocean: _____

SI	PG		PG

☐ Computer Dive

BOTTOM TIME

DEPTH

TIME IN:	TIME OUT:

Bar / psi START	Bar / psi END

RNT _____
ABT _____
TBT _____

VISIBILITY:
_____

TEMP: Air _____ Surface _____ Bottom _____

GEAR USED
BCD: _____
Wetsuit: _____
Fins: _____
Weights: _____ kg/lbs
Cylinder: _____ Litres

DIVE SHOP STAMP

☐ Steel   ☐ Aluminium
☐ Fresh   ☐ Salt   ☐ Shore   ☐ Boat   ☐ Drift   ☐ Right   ☐ Training

Dive Comments:

_____
_____
_____
_____
_____

BOTTOM TIME TO
DATE: _____

Time Of This Dive: _____

Cumulative Dive
Time: _____

Verification Signature:

_____

☐ Instructor ☐ Divemaster ☐ Buddy

Certification No: _____

Dive Number: _____

Date: _____

Location: _____

Ocean: _____

| SI | PG | | PG |

☐ Computer Dive

BOTTOM TIME

DEPTH

TIME IN:	TIME OUT:

Bar / psi START	Bar / psi END

RNT_____
ABT_____
TBT _____

VISIBILITY:
_____

TEMP: Air _____ Surface _____ Bottom _____

DIVE SHOP STAMP

GEAR USED
BCD: _____
Wetsuit: _____
Fins: _____
Weights: _____ kg/lbs
Cylinder: _____ Litres

☐ **Steel**   ☐ **Aluminium**
☐ **Fresh**   ☐ **Salt**   ☐ **Shore**   ☐ **Boat**   ☐ **Drift**   ☐ **Right**   ☐ **Training**

Dive Comments:
_____
_____
_____
_____
_____

BOTTOM TIME TO DATE: _____	**Verification Signature:**
Time Of This Dive: _____	_____
Cumulative Dive Time: _____	☐ **Instructor** ☐ **Divemaster** ☐ **Buddy**
	Certification No: _____

Dive Number: _____
Date: _____
Location: _____
Ocean: _____

TIME IN:	TIME OUT:

Bar / psi START	Bar / psi END

GEAR USED
BCD: _____
Wetsuit: _____
Fins: _____
Weights: _____ **kg/lbs**
Cylinder: _____ **Litres**

□ **Steel**   □ **Aluminium**
□ **Fresh**   □ **Salt**   □ **Shore**   □ **Boat**   □ **Drift**   □ **Right**   □ **Training**

Dive Comments:
_____
_____
_____
_____
_____
_____

SI	PG		PG

□ Computer Dive

BOTTOM TIME

DEPTH

RNT _____
ABT _____
TBT _____

VISIBILITY:
_____

TEMP: Air _____ Surface _____ Bottom _____

DIVE SHOP STAMP

BOTTOM TIME TO DATE: _____	Verification Signature:
Time Of This Dive: _____	_____
	□ Instructor □ Divemaster □ Buddy
Cumulative Dive Time: _____	Certification No: _____

Dive Number: _____
Date: _____
Location: _____
Ocean: _____

SI	PG		PG

☐ Computer Dive

BOTTOM TIME

DEPTH

TIME IN:	TIME OUT:

RNT_____
ABT _____
TBT _____

VISIBILITY:
_____

Bar / psi START	Bar / psi END

TEMP: Air _____ Surface _____ Bottom _____

GEAR USED
BCD: _____
Wetsuit: _____
Fins: _____
Weights: _____ **kg/lbs**
Cylinder: _____ **Litres**

DIVE SHOP STAMP

☐ **Steel**   ☐ **Aluminium**
☐ **Fresh**   ☐ **Salt**   ☐ **Shore**   ☐ **Boat**   ☐ **Drift**   ☐ **Right**   ☐ **Training**

Dive Comments:
_____
_____
_____
_____
_____

BOTTOM TIME TO DATE: _____	**Verification Signature:**
Time Of This Dive: _____	_____
	☐ **Instructor** ☐ **Divemaster** ☐ **Buddy**
Cumulative Dive Time: _____	**Certification No:** _____

Dive Number: _____

Date: _____

Location: _____

Ocean: _____

TIME IN:	TIME OUT:

Bar / psi START	Bar / psi END

GEAR USED

BCD: _____

Wetsuit: _____

Fins: _____

Weights: _____ **kg/lbs**

Cylinder: _____ **Litres**

□ Steel   □ Aluminium
□ Fresh   □ Salt   □ Shore   □ Boat   □ Drift   □ Right   □ Training

Dive Comments:

_____
_____
_____
_____
_____

SI	PG		PG

□ Computer Dive

BOTTOM TIME

DEPTH

RNT _____
ABT _____
TBT _____

VISIBILITY:
_____

TEMP: Air _____ Surface _____ Bottom _____

DIVE SHOP STAMP

BOTTOM TIME TO DATE: _____	**Verification Signature:**
Time Of This Dive: _____	_____
Cumulative Dive Time: _____	□ Instructor □ Divemaster □ Buddy Certification No: _____

Dive Number: _____
Date: _____
Location: _____
Ocean: _____

TIME IN:	TIME OUT:

Bar / psi START	Bar / psi END

GEAR USED
BCD: _____
Wetsuit: _____
Fins: _____
Weights: _____ kg/lbs
Cylinder: _____ Litres

□ Steel   □ Aluminium
□ Fresh   □ Salt   □ Shore   □ Boat   □ Drift   □ Right   □ Training

Dive Comments:
_____
_____
_____
_____
_____

SI	PG		PG

□ Computer Dive

BOTTOM TIME

DEPTH

RNT_____
ABT_____
TBT_____

VISIBILITY:
_____

TEMP: Air _____ Surface _____ Bottom _____

DIVE SHOP STAMP

BOTTOM TIME TO DATE: _____

Time Of This Dive: _____

Cumulative Dive Time: _____

Verification Signature:

_____

□ Instructor □ Divemaster □ Buddy

Certification No: _____

Dive Number: _____

Date: _____

Location: _____

Ocean: _____

SI	PG		PG

☐ Computer Dive

BOTTOM TIME
_____
DEPTH

TIME IN:	TIME OUT:
Bar / psi START	Bar / psi END

RNT _____
ABT _____
TBT _____

VISIBILITY:
_____

TEMP: Air _____ Surface _____ Bottom _____

GEAR USED
BCD: _____
Wetsuit: _____
Fins: _____
Weights: _____ **kg/lbs**
Cylinder: _____ **Litres**

☐ **Steel**   ☐ **Aluminium**
☐ **Fresh**   ☐ **Salt**   ☐ **Shore**   ☐ **Boat**   ☐ **Drift**   ☐ **Right**   ☐ **Training**

DIVE SHOP STAMP

Dive Comments:

_____
_____
_____
_____
_____

BOTTOM TIME TO DATE: _____

Time Of This Dive: _____

Cumulative Dive Time: _____

Verification Signature:

_____

☐ **Instructor** ☐ **Divemaster** ☐ **Buddy**

Certification No: _____

Dive Number: _____

Date: _____

Location: _____

Ocean: _____

TIME IN:	TIME OUT:

Bar / psi START	Bar / psi END

GEAR USED

BCD: _____

Wetsuit: _____

Fins: _____

Weights: _____ **kg/lbs**

Cylinder: _____ **Litres**

□ **Steel**   □ **Aluminium**
□ **Fresh**   □ **Salt**   □ **Shore**   □ **Boat**   □ **Drift**   □ **Right**   □ **Training**

Dive Comments:

_____
_____
_____
_____
_____

| SI | PG | | PG |

☐ Computer Dive

BOTTOM TIME
_____
DEPTH

RNT _____
ABT _____
TBT _____

VISIBILITY:
_____

TEMP: Air _____ Surface _____ Bottom _____

DIVE SHOP STAMP

BOTTOM TIME TO DATE: _____	**Verification Signature:**
Time Of This Dive: _____	_____
	☐ **Instructor** ☐ **Divemaster** ☐ **Buddy**
Cumulative Dive Time: _____	**Certification No:** _____

Dive Number: _____

Date: _____

Location: _____

Ocean: _____

SI	PG			PG

☐ Computer Dive

BOTTOM TIME

DEPTH

TIME IN:	TIME OUT:

Bar / psi START	Bar / psi END

RNT _____

ABT _____

TBT _____

VISIBILITY:

_____

TEMP: Air _____ Surface _____ Bottom _____

GEAR USED

BCD: _____

Wetsuit: _____

Fins: _____

Weights: _____ **kg/lbs**

Cylinder: _____ **Litres**

☐ **Steel**   ☐ **Aluminium**

☐ **Fresh**   ☐ **Salt**   ☐ **Shore**   ☐ **Boat**   ☐ **Drift**   ☐ **Right**   ☐ **Training**

DIVE SHOP STAMP

Dive Comments:

_____

_____

_____

_____

_____

BOTTOM TIME TO DATE: _____

Time Of This Dive: _____

Cumulative Dive Time: _____

Verification Signature:

_____

☐ **Instructor** ☐ **Divemaster** ☐ **Buddy**

Certification No: _____

Dive Number: _____

Date: _____

Location: _____

Ocean: _____

SI	PG		PG

☐ Computer Dive

BOTTOM TIME

DEPTH

TIME IN:	TIME OUT:
Bar / psi START	Bar / psi END

RNT _____
ABT _____
TBT _____

VISIBILITY: _____

TEMP: Air _____ Surface _____ Bottom _____

GEAR USED

BCD: _____

Wetsuit: _____

Fins: _____

Weights: _____ **kg/lbs**

Cylinder: _____ **Litres**

DIVE SHOP STAMP

☐ **Steel**   ☐ **Aluminium**

☐ **Fresh**   ☐ **Salt**   ☐ **Shore**   ☐ **Boat**   ☐ **Drift**   ☐ **Right**   ☐ **Training**

Dive Comments:

_____
_____
_____
_____
_____

BOTTOM TIME TO DATE: _____

Time Of This Dive: _____

Cumulative Dive Time: _____

Verification Signature:

_____

☐ **Instructor** ☐ **Divemaster** ☐ **Buddy**

Certification No: _____

Dive Number: _____

Date: _____

Location: _____

Ocean: _____

SI	PG		PG

☐ Computer Dive

BOTTOM TIME

DEPTH

TIME IN:	TIME OUT:

Bar / psi START	Bar / psi END

RNT _____
ABT _____
TBT _____

VISIBILITY: _____

TEMP: Air _____ Surface _____ Bottom _____

GEAR USED

BCD: _____

Wetsuit: _____

Fins: _____

Weights: _____ **kg/lbs**

Cylinder: _____ **Litres**

DIVE SHOP STAMP

☐ **Steel**   ☐ **Aluminium**
☐ **Fresh**   ☐ **Salt**   ☐ **Shore**   ☐ **Boat**   ☐ **Drift**   ☐ **Right**   ☐ **Training**

Dive Comments:

_____
_____
_____
_____
_____

BOTTOM TIME TO DATE: _____

Time Of This Dive: _____

Cumulative Dive Time: _____

Verification Signature:

_____

☐ **Instructor** ☐ **Divemaster** ☐ **Buddy**

Certification No: _____

Dive Number: _____

Date: _____

Location: _____

Ocean: _____

TIME IN:	TIME OUT:

Bar / psi START	Bar / psi END

GEAR USED

BCD: _____

Wetsuit: _____

Fins: _____

Weights: _____ **kg/lbs**

Cylinder: _____ **Litres**

□ **Steel**   □ **Aluminium**

□ **Fresh**   □ **Salt**   □ **Shore**   □ **Boat**   □ **Drift**   □ **Right**   □ **Training**

Dive Comments:

_____

_____

_____

_____

_____

| SI | PG | | PG |

□ Computer Dive

BOTTOM TIME

DEPTH

RNT _____
ABT _____
TBT _____

VISIBILITY:
_____

TEMP: Air _____ Surface _____ Bottom _____

DIVE SHOP STAMP

BOTTOM TIME TO DATE: _____	**Verification Signature:**
Time Of This Dive: _____	_____
	□ **Instructor** □ **Divemaster** □ **Buddy**
Cumulative Dive Time: _____	**Certification No:** _____

Dive Number: _____

Date: _____

Location: _____

Ocean: _____

TIME IN:	TIME OUT:

Bar / psi START	Bar / psi END

GEAR USED

BCD: _____

Wetsuit: _____

Fins: _____

Weights: _____ kg/lbs

Cylinder: _____ Litres

☐ Steel   ☐ Aluminium

☐ Fresh   ☐ Salt   ☐ Shore   ☐ Boat   ☐ Drift   ☐ Right   ☐ Training

Dive Comments:

_____

_____

_____

_____

_____

_____

| SI | PG | | PG |

☐ Computer Dive

BOTTOM TIME

DEPTH

RNT_____
ABT_____
TBT_____

VISIBILITY:
_____

TEMP: Air _____ Surface _____ Bottom _____

DIVE SHOP STAMP

BOTTOM TIME TO DATE: _____	Verification Signature:
Time Of This Dive: _____	_____
	☐ Instructor ☐ Divemaster ☐ Buddy
Cumulative Dive Time: _____	Certification No: _____

Dive Number: _____

Date: _____

Location: _____

Ocean: _____

SI	PG		PG

☐ Computer Dive

BOTTOM TIME
_____
DEPTH

TIME IN:	TIME OUT:
Bar / psi START	Bar / psi END

RNT _____
ABT _____
TBT _____

VISIBILITY:
_____

TEMP: Air _____ Surface _____ Bottom _____

GEAR USED
BCD: _____
Wetsuit: _____
Fins: _____
Weights: _____ **kg/lbs**
Cylinder: _____ **Litres**

DIVE SHOP STAMP

☐ **Steel**   ☐ **Aluminium**
☐ **Fresh**   ☐ **Salt**   ☐ **Shore**   ☐ **Boat**   ☐ **Drift**   ☐ **Right**   ☐ **Training**

Dive Comments:
_____
_____
_____
_____
_____

BOTTOM TIME TO DATE: _____	**Verification Signature:**
Time Of This Dive: _____	_____
	☐ **Instructor** ☐ **Divemaster** ☐ **Buddy**
Cumulative Dive Time: _____	**Certification No:** _____

Dive Number: _____

Date: _____

Location: _____

Ocean: _____

TIME IN:	TIME OUT:
Bar / psi START	Bar / psi END

SI	PG		PG

☐ Computer Dive

BOTTOM TIME

DEPTH

RNT _____ ABT _____ TBT _____	VISIBILITY: _____

TEMP: Air _____ Surface _____ Bottom _____

GEAR USED

BCD: _____

Wetsuit: _____

Fins: _____

Weights: _____ **kg/lbs**

Cylinder: _____ **Litres**

DIVE SHOP STAMP

☐ **Steel**   ☐ **Aluminium**

☐ **Fresh**   ☐ **Salt**   ☐ **Shore**   ☐ **Boat**   ☐ **Drift**   ☐ **Right**   ☐ **Training**

Dive Comments:

_____

_____

_____

_____

_____

BOTTOM TIME TO DATE: _____ Time Of This Dive: _____ Cumulative Dive Time: _____	**Verification Signature:** _____ ☐ Instructor ☐ Divemaster ☐ Buddy Certification No: _____

Dive Number: _____

Date: _____

Location: _____

Ocean: _____

TIME IN:	TIME OUT:

Bar / psi START	Bar / psi END

GEAR USED

BCD: _____

Wetsuit: _____

Fins: _____

Weights: _____ kg/lbs

Cylinder: _____ Litres

□ Steel   □ Aluminium

□ Fresh   □ Salt   □ Shore   □ Boat   □ Drift   □ Right   □ Training

Dive Comments:

_____
_____
_____
_____
_____

SI	PG		PG

□ Computer Dive

BOTTOM TIME

DEPTH

RNT_____
ABT _____
TBT _____

VISIBILITY:

_____

TEMP: Air _____ Surface _____ Bottom _____

DIVE SHOP STAMP

BOTTOM TIME TO DATE: _____	Verification Signature:
Time Of This Dive: _____	_____
	□ Instructor □ Divemaster □ Buddy
Cumulative Dive Time: _____	Certification No: _____

Dive Number: _____

Date: _____

Location: _____

Ocean: _____

TIME IN:	TIME OUT:
Bar / psi START	Bar / psi END

SI	PG		PG

☐ Computer Dive

BOTTOM TIME

DEPTH

RNT _____ ABT _____ TBT _____	VISIBILITY: _____

TEMP: Air _____ Surface _____ Bottom _____

DIVE SHOP STAMP

GEAR USED
BCD: _____
Wetsuit: _____
Fins: _____
Weights: _____ kg/lbs
Cylinder: _____ Litres

☐ Steel   ☐ Aluminium
☐ Fresh   ☐ Salt   ☐ Shore   ☐ Boat   ☐ Drift   ☐ Right   ☐ Training

Dive Comments:

_____
_____
_____
_____
_____

BOTTOM TIME TO DATE: _____	Verification Signature: _____ ☐ Instructor ☐ Divemaster ☐ Buddy
Time Of This Dive: _____	
Cumulative Dive Time: _____	Certification No: _____

Dive Number: _____

Date: _____

Location: _____

Ocean: _____

TIME IN:	TIME OUT:

Bar / psi START	Bar / psi END

SI	PG		PG

☐ Computer Dive

BOTTOM TIME

DEPTH

RNT_____
ABT_____
TBT_____

VISIBILITY:
_____

TEMP: Air _____ Surface _____ Bottom _____

DIVE SHOP STAMP

GEAR USED
BCD: _____
Wetsuit: _____
Fins: _____
Weights: _____ **kg/lbs**
Cylinder: _____ **Litres**

☐ **Steel**   ☐ **Aluminium**
☐ **Fresh**   ☐ **Salt**   ☐ **Shore**   ☐ **Boat**   ☐ **Drift**   ☐ **Right**   ☐ **Training**

Dive Comments:
_____
_____
_____
_____
_____

BOTTOM TIME TO DATE: _____	Verification Signature:
Time Of This Dive: _____	_____
	☐ **Instructor** ☐ **Divemaster** ☐ **Buddy**
Cumulative Dive Time: _____	Certification No: _____

Dive Number: _____
Date: _____
Location: _____
Ocean: _____

TIME IN:	TIME OUT:
Bar / psi START	Bar / psi END

SI	PG		PG

☐ Computer Dive

BOTTOM TIME

DEPTH

RNT_____
ABT _____
TBT _____

VISIBILITY:
_____

TEMP: Air _____ Surface _____ Bottom _____

DIVE SHOP STAMP

GEAR USED
BCD: _____
Wetsuit: _____
Fins: _____
Weights: _____ **kg/lbs**
Cylinder: _____ **Litres**

☐ **Steel** ☐ **Aluminium**
☐ **Fresh** ☐ **Salt** ☐ **Shore** ☐ **Boat** ☐ **Drift** ☐ **Right** ☐ **Training**

Dive Comments:
_____
_____
_____
_____
_____

BOTTOM TIME TO DATE: _____

Time Of This Dive: _____

Cumulative Dive Time: _____

Verification Signature:

_____

☐ **Instructor** ☐ **Divemaster** ☐ **Buddy**

Certification No: _____

Dive Number: _____

Date: _____

Location: _____

Ocean: _____

SI	PG		PG

☐ Computer Dive

BOTTOM TIME
_____
DEPTH

TIME IN:	TIME OUT:

Bar / psi START	Bar / psi END

RNT _____
ABT _____
TBT _____

VISIBILITY:
_____

TEMP: Air _____ Surface _____ Bottom _____

GEAR USED
BCD: _____
Wetsuit: _____
Fins: _____
Weights: _____ **kg/lbs**
Cylinder: _____ **Litres**

DIVE SHOP STAMP

☐ **Steel**   ☐ **Aluminium**
☐ **Fresh**   ☐ **Salt**   ☐ **Shore**   ☐ **Boat**   ☐ **Drift**   ☐ **Right**   ☐ **Training**

Dive Comments:

_____
_____
_____
_____
_____
_____

BOTTOM TIME TO DATE: _____

Time Of This Dive: _____

Cumulative Dive Time: _____

Verification Signature:

_____

☐ **Instructor** ☐ **Divemaster** ☐ **Buddy**

Certification No: _____

Dive Number: _____

Date: _____

Location: _____

Ocean: _____

SI	PG		PG

☐ Computer Dive

BOTTOM TIME

DEPTH

TIME IN:	TIME OUT:

Bar / psi START	Bar / psi END

RNT _____
ABT _____
TBT _____

VISIBILITY:
_____

TEMP: Air _____ Surface _____ Bottom _____

GEAR USED

BCD: _____

Wetsuit: _____

Fins: _____

Weights: _____ **kg/lbs**

Cylinder: _____ **Litres**

DIVE SHOP STAMP

☐ **Steel**   ☐ **Aluminium**

☐ **Fresh**   ☐ **Salt**   ☐ **Shore**   ☐ **Boat**   ☐ **Drift**   ☐ **Right**   ☐ **Training**

Dive Comments:

_____

_____

_____

_____

_____

BOTTOM TIME TO DATE: _____	Verification Signature:
Time Of This Dive: _____	_____
	☐ Instructor ☐ Divemaster ☐ Buddy
Cumulative Dive Time: _____	Certification No: _____

Dive Number: _____

Date: _____

Location: _____

Ocean: _____

TIME IN:	TIME OUT:

Bar / psi START	Bar / psi END

GEAR USED

BCD: _____

Wetsuit: _____

Fins: _____

Weights: _____ **kg/lbs**

Cylinder: _____ **Litres**

□ **Steel**   □ **Aluminium**

□ **Fresh**   □ **Salt**   □ **Shore**   □ **Boat**   □ **Drift**   □ **Right**   □ **Training**

Dive Comments:

_____
_____
_____
_____
_____
_____

SI	PG		PG

□ Computer Dive

BOTTOM TIME

DEPTH

RNT _____
ABT _____
TBT _____

VISIBILITY:
_____

TEMP: Air _____ Surface _____ Bottom _____

DIVE SHOP STAMP

BOTTOM TIME TO DATE: _____

Time Of This Dive: _____

Cumulative Dive Time: _____

Verification Signature:

_____

□ **Instructor** □ **Divemaster** □ **Buddy**

Certification No: _____

Dive Number: _____
Date: _____
Location: _____
Ocean: _____

TIME IN:	TIME OUT:

Bar / psi START	Bar / psi END

GEAR USED
BCD: _____
Wetsuit: _____
Fins: _____
Weights: _____ kg/lbs
Cylinder: _____ Litres

□ **Steel**   □ **Aluminium**
□ **Fresh**   □ **Salt**   □ **Shore**   □ **Boat**   □ **Drift**   □ **Right**   □ **Training**

Dive Comments:
_____
_____
_____
_____
_____

SI	PG		PG

□ Computer Dive

BOTTOM TIME

DEPTH

RNT _____
ABT _____
TBT _____

VISIBILITY:
_____

TEMP: Air _____ Surface _____ Bottom _____

DIVE SHOP STAMP

BOTTOM TIME TO DATE: _____	**Verification Signature:**
Time Of This Dive: _____	_____
	□ **Instructor** □ **Divemaster** □ **Buddy**
Cumulative Dive Time: _____	**Certification No:** _____

Dive Number: _____

Date: _____

Location: _____

Ocean: _____

TIME IN:	TIME OUT:

Bar / psi START	Bar / psi END

GEAR USED

BCD: _____

Wetsuit: _____

Fins: _____

Weights: _____ **kg/lbs**

Cylinder: _____ **Litres**

□ **Steel** □ **Aluminium**
□ **Fresh** □ **Salt** □ **Shore** □ **Boat** □ **Drift** □ **Right** □ **Training**

SI	PG		PG

□ Computer Dive

BOTTOM TIME

DEPTH

RNT _____ ABT _____ TBT _____	VISIBILITY: _____

TEMP: Air _____ Surface _____ Bottom _____

DIVE SHOP STAMP

Dive Comments:

_____

_____

_____

_____

_____

BOTTOM TIME TO DATE: _____	Verification Signature: _____ □ Instructor □ Divemaster □ Buddy
Time Of This Dive: _____	
Cumulative Dive Time: _____	Certification No: _____

Dive Number: _____

Date: _____

Location: _____

Ocean: _____

SI	PG		PG

☐ Computer Dive

BOTTOM TIME

DEPTH

TIME IN:	TIME OUT:

RNT _____
ABT _____
TBT _____

VISIBILITY:
_____

Bar / psi START	Bar / psi END

TEMP: Air _____ Surface _____ Bottom _____

GEAR USED
BCD: _____
Wetsuit: _____
Fins: _____
Weights: _____ **kg/lbs**
Cylinder: _____ **Litres**

DIVE SHOP STAMP

☐ **Steel** ☐ **Aluminium**
☐ **Fresh** ☐ **Salt** ☐ **Shore** ☐ **Boat** ☐ **Drift** ☐ **Right** ☐ **Training**

Dive Comments:

_____
_____
_____
_____
_____

BOTTOM TIME TO DATE: _____

Time Of This Dive: _____

Cumulative Dive Time: _____

Verification Signature:

_____

☐ **Instructor** ☐ **Divemaster** ☐ **Buddy**

Certification No: _____

Dive Number: _____

Date: _____

Location: _____

Ocean: _____

TIME IN:	TIME OUT:

Bar / psi START	Bar / psi END

GEAR USED

BCD: _____

Wetsuit: _____

Fins: _____

Weights: _____ kg/lbs

Cylinder: _____ Litres

□ Steel   □ Aluminium

□ Fresh   □ Salt   □ Shore   □ Boat   □ Drift   □ Right   □ Training

Dive Comments:

_____
_____
_____
_____
_____

SI	PG		PG

□ Computer Dive

BOTTOM TIME
_____
DEPTH

RNT_____ ABT _____ TBT _____	VISIBILITY: _____

TEMP: Air _____ Surface _____ Bottom _____

DIVE SHOP STAMP

BOTTOM TIME TO DATE: _____ Time Of This Dive: _____ Cumulative Dive Time: _____	**Verification Signature:** _____ □ Instructor □ Divemaster □ Buddy **Certification No:** _____

Dive Number: _____

Date: _____

Location: _____

Ocean: _____

TIME IN:	TIME OUT:

Bar / psi START	Bar / psi END

GEAR USED
BCD: _____
Wetsuit: _____
Fins: _____
Weights: _____ **kg/lbs**
Cylinder: _____ **Litres**

☐ **Steel**   ☐ **Aluminium**
☐ **Fresh**   ☐ **Salt**   ☐ **Shore**   ☐ **Boat**   ☐ **Drift**   ☐ **Right**   ☐ **Training**

Dive Comments:

_____
_____
_____
_____
_____

SI	PG		PG

☐ Computer Dive

BOTTOM TIME _____

DEPTH _____

RNT _____ ABT _____ TBT _____	VISIBILITY: _____

TEMP: Air _____ Surface _____ Bottom _____

DIVE SHOP STAMP

BOTTOM TIME TO DATE: _____	Verification Signature:
Time Of This Dive: _____	_____
	☐ Instructor ☐ Divemaster ☐ Buddy
Cumulative Dive Time: _____	Certification No: _____

Dive Number: _____

Date: _____

Location: _____

Ocean: _____

| SI | PG | | PG |
| BOTTOM TIME |
| ☐ Computer Dive |
| DEPTH |

TIME IN:	TIME OUT:

Bar / psi START	Bar / psi END

RNT_____
ABT_____
TBT_____

VISIBILITY:
_____

TEMP: Air _____ Surface _____ Bottom _____

DIVE SHOP STAMP

GEAR USED
BCD: _____
Wetsuit: _____
Fins: _____
Weights: _____ **kg/lbs**
Cylinder: _____ **Litres**

☐ **Steel**   ☐ **Aluminium**
☐ **Fresh**   ☐ **Salt**   ☐ **Shore**   ☐ **Boat**   ☐ **Drift**   ☐ **Right**   ☐ **Training**

Dive Comments:
_____
_____
_____
_____
_____

BOTTOM TIME TO
DATE: _____

Time Of This Dive: _____

Cumulative Dive
Time: _____

Verification Signature:

_____

☐ **Instructor** ☐ **Divemaster** ☐ **Buddy**

Certification No: _____

Dive Number: _____

Date: _____

Location: _____

Ocean: _____

SI	PG		PG

☐ Computer Dive

BOTTOM TIME

DEPTH

TIME IN:	TIME OUT:

Bar / psi START	Bar / psi END

RNT _____
ABT _____
TBT _____

VISIBILITY:
_____

TEMP: Air _____ Surface _____ Bottom _____

GEAR USED
BCD: _____
Wetsuit: _____
Fins: _____
Weights: _____ **kg/lbs**
Cylinder: _____ **Litres**

DIVE SHOP STAMP

☐ **Steel**   ☐ **Aluminium**
☐ **Fresh**   ☐ **Salt**   ☐ **Shore**   ☐ **Boat**   ☐ **Drift**   ☐ **Right**   ☐ **Training**

Dive Comments:

_____
_____
_____
_____
_____
_____

BOTTOM TIME TO
DATE: _____

Time Of This Dive: _____

Cumulative Dive
Time: _____

Verification Signature:

_____

☐ Instructor ☐ Divemaster ☐ Buddy

Certification No: _____

Dive Number: _____

Date: _____

Location: _____

Ocean: _____

TIME IN:	TIME OUT:

Bar / psi START	Bar / psi END

GEAR USED
BCD: _____
Wetsuit: _____
Fins: _____
Weights: _____ kg/lbs
Cylinder: _____ Litres

☐ **Steel**   ☐ **Aluminium**
☐ **Fresh**   ☐ **Salt**   ☐ **Shore**   ☐ **Boat**   ☐ **Drift**   ☐ **Right**   ☐ **Training**

Dive Comments:

_____
_____
_____
_____
_____

SI	PG		PG

☐ Computer Dive

BOTTOM TIME

DEPTH

RNT_____
ABT_____
TBT_____

VISIBILITY:
_____

TEMP: Air _____ Surface _____ Bottom _____

DIVE SHOP STAMP

BOTTOM TIME TO DATE: _____	**Verification Signature:**
Time Of This Dive: _____	_____
Cumulative Dive Time: _____	☐ **Instructor** ☐ **Divemaster** ☐ **Buddy** **Certification No:** _____

Dive Number: _____

Date: _____

Location: _____

Ocean: _____

SI	PG			PG

☐ Computer Dive

BOTTOM TIME

DEPTH

TIME IN:	TIME OUT:

Bar / psi START	Bar / psi END

RNT _____
ABT _____
TBT _____

VISIBILITY: _____

TEMP: Air _____ Surface _____ Bottom _____

GEAR USED

BCD: _____

Wetsuit: _____

Fins: _____

Weights: _____ **kg/lbs**

Cylinder: _____ **Litres**

DIVE SHOP STAMP

☐ **Steel**   ☐ **Aluminium**

☐ **Fresh**   ☐ **Salt**   ☐ **Shore**   ☐ **Boat**   ☐ **Drift**   ☐ **Right**   ☐ **Training**

Dive Comments:

_____

_____

_____

_____

_____

BOTTOM TIME TO DATE: _____	Verification Signature:
Time Of This Dive: _____	_____
	☐ Instructor ☐ Divemaster ☐ Buddy
Cumulative Dive Time: _____	Certification No: _____

Dive Number: _____

Date: _____

Location: _____

Ocean: _____

SI	PG			PG
☐ Computer Dive		BOTTOM TIME		
		DEPTH		

TIME IN:	TIME OUT:
Bar / psi START	Bar / psi END

RNT_____ ABT _____ TBT _____	VISIBILITY: _____

TEMP: Air _____ Surface _____ Bottom _____

GEAR USED
BCD: _____
Wetsuit: _____
Fins: _____
Weights: _____ **kg/lbs**
Cylinder: _____ **Litres**

DIVE SHOP STAMP

☐ **Steel**   ☐ **Aluminium**
☐ **Fresh**   ☐ **Salt**   ☐ **Shore**   ☐ **Boat**   ☐ **Drift**   ☐ **Right**   ☐ **Training**

Dive Comments:
_____
_____
_____
_____
_____
_____

BOTTOM TIME TO DATE: _____	Verification Signature:
Time Of This Dive: _____	_____
	☐ Instructor ☐ Divemaster ☐ Buddy
Cumulative Dive Time: _____	Certification No: _____

Dive Number: _____

Date: _____

Location: _____

Ocean: _____

TIME IN:	TIME OUT:

Bar / psi START	Bar / psi END

GEAR USED

BCD: _____

Wetsuit: _____

Fins: _____

Weights: _____ **kg/lbs**

Cylinder: _____ **Litres**

□ Steel   □ Aluminium

□ Fresh   □ Salt   □ Shore   □ Boat   □ Drift   □ Right   □ Training

Dive Comments:

_____
_____
_____
_____
_____
_____

| SI | PG | | PG |

□ Computer Dive

BOTTOM TIME
_____
DEPTH

RNT _____
ABT _____
TBT _____

VISIBILITY:
_____

TEMP: Air _____ Surface _____ Bottom _____

DIVE SHOP STAMP

BOTTOM TIME TO DATE: _____	**Verification Signature:**
Time Of This Dive: _____	_____
	□ Instructor □ Divemaster □ Buddy
Cumulative Dive Time: _____	Certification No: _____

Dive Number: _____

Date: _____

Location: _____

Ocean: _____

TIME IN:	TIME OUT:
Bar / psi START	Bar / psi END

SI	PG

PG

☐ Computer Dive

BOTTOM TIME
_____
DEPTH

RNT _____
ABT _____
TBT _____

VISIBILITY:
_____

TEMP: Air _____ Surface _____ Bottom _____

DIVE SHOP STAMP

GEAR USED
BCD: _____
Wetsuit: _____
Fins: _____
Weights: _____ **kg/lbs**
Cylinder: _____ **Litres**

☐ **Steel**   ☐ **Aluminium**
☐ **Fresh**   ☐ **Salt**   ☐ **Shore**   ☐ **Boat**   ☐ **Drift**   ☐ **Right**   ☐ **Training**

Dive Comments:
_____
_____
_____
_____
_____
_____

BOTTOM TIME TO DATE: _____

Time Of This Dive: _____

Cumulative Dive Time: _____

Verification Signature:

_____

☐ **Instructor** ☐ **Divemaster** ☐ **Buddy**

Certification No: _____

Dive Number: _____
Date: _____
Location: _____
Ocean: _____

SI	PG		PG

☐ Computer Dive

BOTTOM TIME
DEPTH

TIME IN:	TIME OUT:

Bar / psi START	Bar / psi END

RNT _____
ABT _____
TBT _____

VISIBILITY: _____

TEMP: Air _____ Surface _____ Bottom _____

GEAR USED
BCD: _____
Wetsuit: _____
Fins: _____
Weights: _____ **kg/lbs**
Cylinder: _____ **Litres**

DIVE SHOP STAMP

☐ **Steel**   ☐ **Aluminium**
☐ **Fresh**   ☐ **Salt**   ☐ **Shore**   ☐ **Boat**   ☐ **Drift**   ☐ **Right**   ☐ **Training**

Dive Comments:
_____
_____
_____
_____
_____

BOTTOM TIME TO DATE: _____

Time Of This Dive: _____

Cumulative Dive Time: _____

Verification Signature:

_____

☐ **Instructor** ☐ **Divemaster** ☐ **Buddy**

Certification No: _____

Dive Number: _____

Date: _____

Location: _____

Ocean: _____

SI	PG		PG

☐ Computer Dive

BOTTOM TIME
_____
DEPTH

TIME IN:	TIME OUT:

Bar / psi START	Bar / psi END

RNT _____
ABT _____
TBT _____

VISIBILITY:
_____

TEMP: Air _____ Surface _____ Bottom _____

DIVE SHOP STAMP

GEAR USED
BCD: _____
Wetsuit: _____
Fins: _____
Weights: _____ **kg/lbs**
Cylinder: _____ **Litres**

☐ **Steel**   ☐ **Aluminium**
☐ **Fresh**   ☐ **Salt**   ☐ **Shore**   ☐ **Boat**   ☐ **Drift**   ☐ **Right**   ☐ **Training**

Dive Comments:

_____
_____
_____
_____
_____
_____

BOTTOM TIME TO DATE: _____

Time Of This Dive: _____

Cumulative Dive Time: _____

Verification Signature:

_____

☐ **Instructor** ☐ **Divemaster** ☐ **Buddy**

Certification No: _____

Dive Number: _____

Date: _____

Location: _____

Ocean: _____

| SI | PG | | | PG |
| | | | | |

☐ Computer Dive

BOTTOM TIME

DEPTH

TIME IN:	TIME OUT:

Bar / psi START	Bar / psi END

RNT _____
ABT _____
TBT _____

VISIBILITY: _____

TEMP: Air _____ Surface _____ Bottom _____

GEAR USED

BCD: _____

Wetsuit: _____

Fins: _____

Weights: _____ kg/lbs

Cylinder: _____ Litres

DIVE SHOP STAMP

☐ **Steel**   ☐ **Aluminium**
☐ **Fresh**   ☐ **Salt**   ☐ **Shore**   ☐ **Boat**   ☐ **Drift**   ☐ **Right**   ☐ **Training**

Dive Comments:

_____
_____
_____
_____
_____
_____

BOTTOM TIME TO DATE: _____	**Verification Signature:**
Time Of This Dive: _____	_____
	☐ **Instructor** ☐ **Divemaster** ☐ **Buddy**
Cumulative Dive Time: _____	**Certification No:** _____

Dive Number: _____

Date: _____

Location: _____

Ocean: _____

SI	PG		PG

☐ Computer Dive

BOTTOM TIME
_____
DEPTH

TIME IN:	TIME OUT:
Bar / psi **START**	**Bar / psi** **END**

RNT_____
ABT _____
TBT _____

VISIBILITY:
_____

TEMP: Air _____ Surface _____ Bottom _____

GEAR USED
BCD: _____
Wetsuit: _____
Fins: _____
Weights: _____ **kg/lbs**
Cylinder: _____ **Litres**

DIVE SHOP STAMP

☐ **Steel**   ☐ **Aluminium**
☐ **Fresh**   ☐ **Salt**   ☐ **Shore**   ☐ **Boat**   ☐ **Drift**   ☐ **Right**   ☐ **Training**

Dive Comments:

_____
_____
_____
_____
_____
_____

BOTTOM TIME TO DATE: _____	Verification Signature:
Time Of This Dive: _____	_____
	☐ Instructor ☐ Divemaster ☐ Buddy
Cumulative Dive Time: _____	Certification No: _____

Dive Number: _____

Date: _____

Location: _____

Ocean: _____

SI	PG		PG
□ Computer Dive		BOTTOM TIME	
		DEPTH	

TIME IN:	TIME OUT:

Bar / psi START	Bar / psi END

RNT _____
ABT _____
TBT _____

VISIBILITY: _____

TEMP: Air _____ Surface _____ Bottom _____

DIVE SHOP STAMP

GEAR USED

BCD: _____

Wetsuit: _____

Fins: _____

Weights: _____ **kg/lbs**

Cylinder: _____ **Litres**

□ Steel □ Aluminium
□ Fresh □ Salt □ Shore □ Boat □ Drift □ Right □ Training

Dive Comments:

_____
_____
_____
_____
_____
_____

BOTTOM TIME TO DATE: _____

Time Of This Dive: _____

Cumulative Dive Time: _____

Verification Signature:

_____

□ Instructor □ Divemaster □ Buddy

Certification No: _____

Dive Number: _____

Date: _____

Location: _____

Ocean: _____

TIME IN:	TIME OUT:
Bar / psi START	Bar / psi END

GEAR USED

BCD: _____

Wetsuit: _____

Fins: _____

Weights: _____ **kg/lbs**

Cylinder: _____ **Litres**

☐ **Steel**   ☐ **Aluminium**

☐ **Fresh**   ☐ **Salt**   ☐ **Shore**   ☐ **Boat**   ☐ **Drift**   ☐ **Right**   ☐ **Training**

Dive Comments:

_____
_____
_____
_____
_____

SI	PG		PG

☐ Computer Dive

BOTTOM TIME

DEPTH

RNT_____
ABT _____
TBT _____

VISIBILITY:

_____

TEMP: Air _____ Surface _____ Bottom _____

DIVE SHOP STAMP

BOTTOM TIME TO DATE: _____	**Verification Signature:** _____ ☐ **Instructor** ☐ **Divemaster** ☐ **Buddy**
Time Of This Dive: _____	
Cumulative Dive Time: _____	**Certification No:** _____

Dive Number: _____

Date: _____

Location: _____

Ocean: _____

SI	PG		PG
☐ Computer Dive	BOTTOM TIME		
	DEPTH		

TIME IN:	TIME OUT:

Bar / psi START	Bar / psi END

RNT _____ ABT _____ TBT _____	VISIBILITY: _____

TEMP: Air _____ Surface _____ Bottom _____

GEAR USED

BCD: _____

Wetsuit: _____

Fins: _____

Weights: _____ kg/lbs

Cylinder: _____ Litres

DIVE SHOP STAMP

☐ Steel   ☐ Aluminium

☐ Fresh   ☐ Salt   ☐ Shore   ☐ Boat   ☐ Drift   ☐ Right   ☐ Training

Dive Comments:

_____

_____

_____

_____

_____

_____

BOTTOM TIME TO DATE: _____	Verification Signature:
Time Of This Dive: _____	_____
	☐ Instructor ☐ Divemaster ☐ Buddy
Cumulative Dive Time: _____	Certification No: _____

Dive Number: _____

Date: _____

Location: _____

Ocean: _____

SI	PG		PG

☐ Computer Dive

BOTTOM TIME

DEPTH

TIME IN:	TIME OUT:

Bar / psi START	Bar / psi END

RNT_____
ABT_____
TBT_____

VISIBILITY:
_____

TEMP: Air ____ Surface ____ Bottom ____

GEAR USED
BCD: _____
Wetsuit: _____
Fins: _____
Weights: _____ kg/lbs
Cylinder: _____ Litres

DIVE SHOP STAMP

☐ Steel   ☐ Aluminium
☐ Fresh   ☐ Salt   ☐ Shore   ☐ Boat   ☐ Drift   ☐ Right   ☐ Training

Dive Comments:

_____
_____
_____
_____
_____

BOTTOM TIME TO DATE: _____	Verification Signature:
Time Of This Dive: _____	_____
	☐ Instructor ☐ Divemaster ☐ Buddy
Cumulative Dive Time: _____	Certification No: _____

Dive Number: _____

Date: _____

Location: _____

Ocean: _____

SI	PG			PG

☐ Computer Dive

BOTTOM TIME

DEPTH

TIME IN:	TIME OUT:

Bar / psi START	Bar / psi END

RNT _____
ABT _____
TBT _____

VISIBILITY:
_____

TEMP: Air _____ Surface _____ Bottom _____

DIVE SHOP STAMP

GEAR USED

BCD: _____

Wetsuit: _____

Fins: _____

Weights: _____ **kg/lbs**

Cylinder: _____ **Litres**

☐ **Steel** ☐ **Aluminium**
☐ **Fresh** ☐ **Salt** ☐ **Shore** ☐ **Boat** ☐ **Drift** ☐ **Right** ☐ **Training**

Dive Comments:

_____

_____

_____

_____

_____

_____

BOTTOM TIME TO DATE: _____	Verification Signature:
Time Of This Dive: _____	_____
	☐ Instructor ☐ Divemaster ☐ Buddy
Cumulative Dive Time: _____	Certification No: _____

Dive Number: _____

Date: _____

Location: _____

Ocean: _____

TIME IN:	TIME OUT:

Bar / psi START	Bar / psi END

GEAR USED

BCD: _____

Wetsuit: _____

Fins: _____

Weights: _____ **kg/lbs**

Cylinder: _____ **Litres**

□ **Steel**   □ **Aluminium**

□ **Fresh**   □ **Salt**   □ **Shore**   □ **Boat**   □ **Drift**   □ **Right**   □ **Training**

Dive Comments:

_____
_____
_____
_____
_____
_____

SI	PG		PG

□ Computer Dive

BOTTOM TIME

DEPTH

RNT _____ ABT _____ TBT _____	VISIBILITY: _____

TEMP: Air _____ Surface _____ Bottom _____

DIVE SHOP STAMP

BOTTOM TIME TO DATE: _____	**Verification Signature:**
Time Of This Dive: _____	_____
	□ **Instructor** □ **Divemaster** □ **Buddy**
Cumulative Dive Time: _____	**Certification No:** _____

Dive Number: _____

Date: _____

Location: _____

Ocean: _____

TIME IN:	TIME OUT:
Bar / psi START	Bar / psi END

GEAR USED

BCD: _____

Wetsuit: _____

Fins: _____

Weights: _____ **kg/lbs**

Cylinder: _____ **Litres**

□ **Steel**   □ **Aluminium**
□ **Fresh**   □ **Salt**   □ **Shore**   □ **Boat**   □ **Drift**   □ **Right**   □ **Training**

Dive Comments:

_____
_____
_____
_____
_____

SI	PG		PG

□ Computer Dive

BOTTOM TIME

DEPTH

RNT _____
ABT _____
TBT _____

VISIBILITY: _____

TEMP: Air _____ Surface _____ Bottom _____

DIVE SHOP STAMP

BOTTOM TIME TO DATE: _____	**Verification Signature:**
Time Of This Dive: _____	_____
	□ **Instructor** □ **Divemaster** □ **Buddy**
Cumulative Dive Time: _____	**Certification No:** _____

Dive Number: _____

Date: _____

Location: _____

Ocean: _____

| SI | PG | | PG |

□ Computer Dive

BOTTOM TIME
_____
DEPTH

TIME IN:	TIME OUT:

Bar / psi START	Bar / psi END

RNT_____
ABT_____
TBT_____

VISIBILITY:
_____

TEMP: Air ____ Surface ____ Bottom ____

DIVE SHOP STAMP

GEAR USED
BCD: _____
Wetsuit: _____
Fins: _____
Weights: _____ **kg/lbs**
Cylinder: _____ **Litres**

□ **Steel**   □ **Aluminium**
□ **Fresh**   □ **Salt**   □ **Shore**   □ **Boat**   □ **Drift**   □ **Right**   □ **Training**

Dive Comments:

_____
_____
_____
_____
_____

BOTTOM TIME TO
DATE: _____

Time Of This Dive: _____

Cumulative Dive
Time: _____

Verification Signature:

_____

□ **Instructor** □ **Divemaster** □ **Buddy**

Certification No: _____

Dive Number: _____

Date: _____

Location: _____

Ocean: _____

TIME IN:	TIME OUT:

Bar / psi START	Bar / psi END

GEAR USED

BCD: _____

Wetsuit: _____

Fins: _____

Weights: _____ kg/lbs

Cylinder: _____ Litres

□ Steel   □ Aluminium

□ Fresh   □ Salt   □ Shore   □ Boat   □ Drift   □ Right   □ Training

Dive Comments:

_____
_____
_____
_____
_____

SI	PG		PG

□ Computer Dive

BOTTOM TIME

DEPTH

RNT _____
ABT _____
TBT _____

VISIBILITY:
_____

TEMP: Air _____ Surface _____ Bottom _____

DIVE SHOP STAMP

BOTTOM TIME TO DATE: _____

Time Of This Dive: _____

Cumulative Dive Time: _____

Verification Signature:

_____

□ Instructor □ Divemaster □ Buddy

Certification No: _____

Dive Number: _____

Date: _____

Location: _____

Ocean: _____

SI	PG		PG

☐ Computer Dive

BOTTOM TIME
_____

DEPTH

TIME IN:	TIME OUT:

RNT _____	VISIBILITY:
ABT _____	_____
TBT _____	

Bar / psi **START**	Bar / psi **END**

TEMP: Air _____ Surface _____ Bottom _____

GEAR USED

BCD: _____

Wetsuit: _____

Fins: _____

Weights: _____ kg/lbs

Cylinder: _____ Litres

DIVE SHOP STAMP

☐ **Steel**   ☐ **Aluminium**

☐ **Fresh**   ☐ **Salt**   ☐ **Shore**   ☐ **Boat**   ☐ **Drift**   ☐ **Right**   ☐ **Training**

Dive Comments:

_____

_____

_____

_____

_____

_____

BOTTOM TIME TO DATE: _____	Verification Signature:
Time Of This Dive: _____	_____
	☐ Instructor ☐ Divemaster ☐ Buddy
Cumulative Dive Time: _____	Certification No: _____

Dive Number: _____

Date: _____

Location: _____

Ocean: _____

TIME IN:	TIME OUT:

Bar / psi START	Bar / psi END

GEAR USED

BCD: _____

Wetsuit: _____

Fins: _____

Weights: _____ kg/lbs

Cylinder: _____ Litres

□ Steel   □ Aluminium
□ Fresh   □ Salt   □ Shore   □ Boat   □ Drift   □ Right   □ Training

Dive Comments:

_____
_____
_____
_____
_____

SI	PG		PG

□ Computer Dive

BOTTOM TIME

DEPTH

RNT _____
ABT _____
TBT _____

VISIBILITY:
_____

TEMP: Air _____ Surface _____ Bottom _____

DIVE SHOP STAMP

BOTTOM TIME TO DATE: _____	**Verification Signature:**
Time Of This Dive: _____	_____
	□ Instructor □ Divemaster □ Buddy
Cumulative Dive Time: _____	Certification No: _____

Dive Number: _____

Date: _____

Location: _____

Ocean: _____

SI	PG		PG

□ Computer Dive

BOTTOM TIME
_____
DEPTH

TIME IN:	TIME OUT:

RNT _____	VISIBILITY:
ABT _____	_____
TBT _____	

Bar / psi START	Bar / psi END

TEMP: Air _____ Surface _____ Bottom _____

GEAR USED

BCD: _____

Wetsuit: _____

Fins: _____

Weights: _____ **kg/lbs**

Cylinder: _____ **Litres**

□ **Steel**   □ **Aluminium**

□ **Fresh**   □ **Salt**   □ **Shore**   □ **Boat**   □ **Drift**   □ **Right**   □ **Training**

DIVE SHOP STAMP

Dive Comments:

_____

_____

_____

_____

_____

BOTTOM TIME TO DATE: _____	Verification Signature: _____
Time Of This Dive: _____	□ Instructor □ Divemaster □ Buddy
Cumulative Dive Time: _____	Certification No: _____

Dive Number: _____

Date: _____

Location: _____

Ocean: _____

SI	PG		PG

☐ Computer Dive

BOTTOM TIME

DEPTH

TIME IN:	TIME OUT:
Bar / psi START	Bar / psi END

RNT _____
ABT _____
TBT _____

VISIBILITY:
_____

TEMP: Air _____ Surface _____ Bottom _____

DIVE SHOP STAMP

GEAR USED
BCD: _____
Wetsuit: _____
Fins: _____
Weights: _____ **kg/lbs**
Cylinder: _____ **Litres**

☐ **Steel**   ☐ **Aluminium**
☐ **Fresh**   ☐ **Salt**   ☐ **Shore**   ☐ **Boat**   ☐ **Drift**   ☐ **Right**   ☐ **Training**

Dive Comments:

_____
_____
_____
_____
_____

BOTTOM TIME TO DATE: _____	Verification Signature:
Time Of This Dive: _____	_____
	☐ Instructor ☐ Divemaster ☐ Buddy
Cumulative Dive Time: _____	Certification No: _____

Dive Number: _____

Date: _____

Location: _____

Ocean: _____

| SI | PG | | PG |
| BOTTOM TIME |
□ Computer Dive
| DEPTH |

TIME IN:	TIME OUT:

Bar / psi START	Bar / psi END

RNT_____	VISIBILITY:
ABT _____	
TBT _____	_____

TEMP: Air ____ Surface ____ Bottom ____

DIVE SHOP STAMP

GEAR USED
BCD: _____
Wetsuit: _____
Fins: _____
Weights: _____ **kg/lbs**
Cylinder: _____ **Litres**

□ **Steel**   □ **Aluminium**
□ **Fresh**   □ **Salt**   □ **Shore**   □ **Boat**   □ **Drift**   □ **Right**   □ **Training**

Dive Comments:
_____
_____
_____
_____
_____

BOTTOM TIME TO DATE: _____	**Verification Signature:**
Time Of This Dive: _____	_____
	□ **Instructor** □ **Divemaster** □ **Buddy**
Cumulative Dive Time: _____	**Certification No:** _____

Dive Number: _____

Date: _____

Location: _____

Ocean: _____

| SI | PG | | | PG |

☐ Computer Dive

BOTTOM TIME

DEPTH

TIME IN:	TIME OUT:

Bar / psi START	Bar / psi END

RNT _____
ABT _____
TBT _____

VISIBILITY:
_____

TEMP: Air _____ Surface _____ Bottom _____

DIVE SHOP STAMP

GEAR USED
BCD: _____

Wetsuit: _____

Fins: _____

Weights: _____ kg/lbs

Cylinder: _____ Litres

☐ Steel ☐ Aluminium
☐ Fresh ☐ Salt ☐ Shore ☐ Boat ☐ Drift ☐ Right ☐ Training

Dive Comments:

_____
_____
_____
_____
_____
_____

BOTTOM TIME TO DATE: _____

Time Of This Dive: _____

Cumulative Dive Time: _____

Verification Signature:

_____

☐ Instructor ☐ Divemaster ☐ Buddy

Certification No: _____

Dive Number: _____

Date: _____

Location: _____

Ocean: _____

TIME IN:	TIME OUT:
Bar / psi **START**	**Bar / psi** **END**

GEAR USED

BCD: _____

Wetsuit: _____

Fins: _____

Weights: _____ kg/lbs

Cylinder: _____ Litres

☐ **Steel**   ☐ **Aluminium**
☐ **Fresh**   ☐ **Salt**   ☐ **Shore**   ☐ **Boat**   ☐ **Drift**   ☐ **Right**   ☐ **Training**

Dive Comments:

_____
_____
_____
_____
_____

SI	PG		PG

☐ Computer Dive

BOTTOM TIME
_____
DEPTH

RNT _____ ABT _____ TBT _____	VISIBILITY: _____

TEMP: Air _____ Surface _____ Bottom _____

DIVE SHOP STAMP

BOTTOM TIME TO DATE: _____ Time Of This Dive: _____ Cumulative Dive Time: _____	**Verification Signature:** _____ ☐ **Instructor** ☐ **Divemaster** ☐ **Buddy** **Certification No:** _____

Dive Number: _____
Date: _____
Location: _____
Ocean: _____

| SI | PG | | PG |

☐ Computer Dive

BOTTOM TIME

DEPTH

TIME IN:	TIME OUT:

Bar / psi START	Bar / psi END

RNT_____
ABT _____
TBT _____

VISIBILITY:
_____

TEMP: Air _____ Surface _____ Bottom _____

GEAR USED
BCD: _____
Wetsuit: _____
Fins: _____
Weights: _____ kg/lbs
Cylinder: _____ Litres

DIVE SHOP STAMP

☐ **Steel** ☐ **Aluminium**
☐ **Fresh** ☐ **Salt** ☐ **Shore** ☐ **Boat** ☐ **Drift** ☐ **Right** ☐ **Training**

Dive Comments:

_____
_____
_____
_____
_____

BOTTOM TIME TO
DATE: _____

Time Of This Dive: _____

Cumulative Dive
Time: _____

Verification Signature:

_____

☐ **Instructor** ☐ **Divemaster** ☐ **Buddy**

Certification No: _____

Dive Number: _____
Date: _____
Location: _____
Ocean: _____

SI	PG		PG

☐ Computer Dive

BOTTOM TIME
_____
DEPTH

TIME IN:	TIME OUT:

Bar / psi START	Bar / psi END

RNT_____
ABT_____
TBT_____

VISIBILITY:
_____

TEMP: Air _____ Surface _____ Bottom _____

GEAR USED
BCD: _____
Wetsuit: _____
Fins: _____
Weights: _____ kg/lbs
Cylinder: _____ Litres

DIVE SHOP STAMP

☐ Steel   ☐ Aluminium
☐ Fresh   ☐ Salt   ☐ Shore   ☐ Boat   ☐ Drift   ☐ Right   ☐ Training

Dive Comments:
_____
_____
_____
_____
_____
_____

BOTTOM TIME TO
DATE: _____

Time Of This Dive: _____

Cumulative Dive
Time: _____

Verification Signature:
_____

☐ Instructor ☐ Divemaster ☐ Buddy

Certification No: _____

Dive Number: _____

Date: _____

Location: _____

Ocean: _____

SI	PG		PG

☐ Computer Dive

BOTTOM TIME

DEPTH

TIME IN:	TIME OUT:

Bar / psi START	Bar / psi END

RNT_____
ABT_____
TBT_____

VISIBILITY: _____

TEMP: Air _____ Surface _____ Bottom _____

DIVE SHOP STAMP

GEAR USED

BCD: _____

Wetsuit: _____

Fins: _____

Weights: _____ **kg/lbs**

Cylinder: _____ **Litres**

☐ **Steel**   ☐ **Aluminium**
☐ **Fresh**   ☐ **Salt**   ☐ **Shore**   ☐ **Boat**   ☐ **Drift**   ☐ **Right**   ☐ **Training**

Dive Comments:

_____
_____
_____
_____
_____
_____

BOTTOM TIME TO DATE: _____	Verification Signature:
Time Of This Dive: _____	_____
	☐ Instructor ☐ Divemaster ☐ Buddy
Cumulative Dive Time: _____	Certification No: _____

Dive Number: _____

Date: _____

Location: _____

Ocean: _____

TIME IN:	TIME OUT:

Bar / psi START	Bar / psi END

GEAR USED

BCD: _____

Wetsuit: _____

Fins: _____

Weights: _____ **kg/lbs**

Cylinder: _____ **Litres**

□ **Steel**   □ **Aluminium**

□ **Fresh**   □ **Salt**   □ **Shore**   □ **Boat**   □ **Drift**   □ **Right**   □ **Training**

Dive Comments:

_____
_____
_____
_____
_____

SI	PG		PG

□ Computer Dive

BOTTOM TIME

DEPTH

RNT_____ ABT _____ TBT _____	VISIBILITY: _____

TEMP: Air _____ Surface _____ Bottom _____

DIVE SHOP STAMP

BOTTOM TIME TO DATE: _____ Time Of This Dive: _____ Cumulative Dive Time: _____	**Verification Signature:** _____ □ **Instructor** □ **Divemaster** □ **Buddy** **Certification No:** _____

Dive Number: _____

Date: _____

Location: _____

Ocean: _____

SI	PG			PG

☐ Computer Dive

BOTTOM TIME

DEPTH

TIME IN:	TIME OUT:

Bar / psi START	Bar / psi END

RNT _____

ABT _____

TBT _____

VISIBILITY:

_____

TEMP: Air _____ Surface _____ Bottom _____

GEAR USED

BCD: _____

Wetsuit: _____

Fins: _____

Weights: _____ **kg/lbs**

Cylinder: _____ **Litres**

DIVE SHOP STAMP

☐ Steel ☐ Aluminium

☐ Fresh ☐ Salt ☐ Shore ☐ Boat ☐ Drift ☐ Right ☐ Training

Dive Comments:

_____

_____

_____

_____

_____

BOTTOM TIME TO DATE: _____	Verification Signature:
Time Of This Dive: _____	_____
	☐ Instructor ☐ Divemaster ☐ Buddy
Cumulative Dive Time: _____	Certification No: _____

Dive Number: _____

Date: _____

Location: _____

Ocean: _____

TIME IN:	TIME OUT:

Bar / psi START	Bar / psi END

SI	PG		PG

☐ Computer Dive

BOTTOM TIME
_____
DEPTH

RNT_____
ABT _____
TBT _____

VISIBILITY:
_____

TEMP: Air _____ Surface _____ Bottom _____

DIVE SHOP STAMP

GEAR USED
BCD: _____
Wetsuit: _____
Fins: _____
Weights: _____ **kg/lbs**
Cylinder: _____ **Litres**

☐ **Steel**   ☐ **Aluminium**
☐ **Fresh**   ☐ **Salt**   ☐ **Shore**   ☐ **Boat**   ☐ **Drift**   ☐ **Right**   ☐ **Training**

Dive Comments:
_____
_____
_____
_____
_____

BOTTOM TIME TO DATE: _____	Verification Signature:
Time Of This Dive: _____	_____
	☐ Instructor ☐ Divemaster ☐ Buddy
Cumulative Dive Time: _____	Certification No: _____

Dive Number: _____
Date: _____
Location: _____
Ocean: _____

SI	PG		PG
Computer Dive		BOTTOM TIME	
		DEPTH	

TIME IN:	TIME OUT:

RNT _____
ABT _____
TBT _____

VISIBILITY: _____

Bar / psi START	Bar / psi END

TEMP: Air _____ Surface _____ Bottom _____

GEAR USED
BCD: _____
Wetsuit: _____
Fins: _____
Weights: _____ kg/lbs
Cylinder: _____ Litres

DIVE SHOP STAMP

□ Steel   □ Aluminium
□ Fresh   □ Salt   □ Shore   □ Boat   □ Drift   □ Right   □ Training

Dive Comments:
_____
_____
_____
_____
_____
_____

BOTTOM TIME TO DATE: _____	**Verification Signature:**
Time Of This Dive: _____	_____
	□ Instructor □ Divemaster □ Buddy
Cumulative Dive Time: _____	Certification No: _____

Dive Number: _____

Date: _____

Location: _____

Ocean: _____

TIME IN:	TIME OUT:
Bar / psi START	Bar / psi END

GEAR USED

BCD: _____

Wetsuit: _____

Fins: _____

Weights: _____ kg/lbs

Cylinder: _____ Litres

□ Steel   □ Aluminium

□ Fresh   □ Salt   □ Shore   □ Boat   □ Drift   □ Right   □ Training

Dive Comments:

_____
_____
_____
_____
_____
_____

SI	PG		PG

□ Computer Dive

BOTTOM TIME _____

DEPTH

RNT_____
ABT_____
TBT_____

VISIBILITY: _____

TEMP: Air _____ Surface _____ Bottom _____

DIVE SHOP STAMP

BOTTOM TIME TO DATE: _____

Time Of This Dive: _____

Cumulative Dive Time: _____

Verification Signature:

_____

□ Instructor □ Divemaster □ Buddy

Certification No: _____

Dive Number: _____
Date: _____
Location: _____
Ocean: _____

SI	PG		PG

☐ Computer Dive

BOTTOM TIME

DEPTH

TIME IN:	TIME OUT:

Bar / psi START	Bar / psi END

RNT _____
ABT _____
TBT _____

VISIBILITY:
_____

TEMP: Air _____ Surface _____ Bottom _____

GEAR USED
BCD: _____
Wetsuit: _____
Fins: _____
Weights: _____ **kg/lbs**
Cylinder: _____ **Litres**

DIVE SHOP STAMP

☐ **Steel** ☐ **Aluminium**
☐ **Fresh** ☐ **Salt** ☐ **Shore** ☐ **Boat** ☐ **Drift** ☐ **Right** ☐ **Training**

Dive Comments:
_____
_____
_____
_____
_____

BOTTOM TIME TO DATE: _____	Verification Signature:
Time Of This Dive: _____	_____
	☐ Instructor ☐ Divemaster ☐ Buddy
Cumulative Dive Time: _____	Certification No: _____

Dive Number: _____

Date: _____

Location: _____

Ocean: _____

SI	PG		PG

☐ Computer Dive

BOTTOM TIME

DEPTH

TIME IN:	TIME OUT:

Bar / psi START	Bar / psi END

RNT_____
ABT _____
TBT _____

VISIBILITY:
_____

TEMP: Air _____ Surface _____ Bottom _____

GEAR USED
BCD: _____
Wetsuit: _____
Fins: _____
Weights: _____ **kg/lbs**
Cylinder: _____ **Litres**

DIVE SHOP STAMP

☐ **Steel**   ☐ **Aluminium**
☐ **Fresh**   ☐ **Salt**   ☐ **Shore**   ☐ **Boat**   ☐ **Drift**   ☐ **Right**   ☐ **Training**

Dive Comments:
_____
_____
_____
_____
_____

BOTTOM TIME TO DATE: _____	Verification Signature:
Time Of This Dive: _____	_____
	☐ Instructor ☐ Divemaster ☐ Buddy
Cumulative Dive Time: _____	Certification No: _____

Dive Number: _____
Date: _____
Location: _____
Ocean: _____

| SI | PG | | PG |

Computer Dive

BOTTOM TIME

DEPTH

TIME IN:	TIME OUT:

Bar / psi START	Bar / psi END

RNT _____
ABT _____
TBT _____

VISIBILITY:
_____

TEMP: Air _____ Surface _____ Bottom _____

DIVE SHOP STAMP

GEAR USED
BCD: _____
Wetsuit: _____
Fins: _____
Weights: _____ **kg/lbs**
Cylinder: _____ **Litres**

□ **Steel** □ **Aluminium**
□ **Fresh** □ **Salt** □ **Shore** □ **Boat** □ **Drift** □ **Right** □ **Training**

Dive Comments:
_____
_____
_____
_____
_____

BOTTOM TIME TO
DATE: _____

Time Of This Dive: _____

Cumulative Dive
Time: _____

Verification Signature:

_____

□ **Instructor** □ **Divemaster** □ **Buddy**

Certification No: _____

Dive Number: _____

Date: _____

Location: _____

Ocean: _____

| SI | PG | | PG |

☐ Computer Dive

BOTTOM TIME

DEPTH

TIME IN:	TIME OUT:
Bar / psi START	Bar / psi END

RNT _____
ABT _____
TBT _____

VISIBILITY:
_____

TEMP: Air _____ Surface _____ Bottom _____

GEAR USED
BCD: _____
Wetsuit: _____
Fins: _____
Weights: _____ **kg/lbs**
Cylinder: _____ **Litres**

☐ **Steel**   ☐ **Aluminium**
☐ **Fresh**   ☐ **Salt**   ☐ **Shore**   ☐ **Boat**   ☐ **Drift**   ☐ **Right**   ☐ **Training**

DIVE SHOP STAMP

Dive Comments:

_____
_____
_____
_____
_____
_____

BOTTOM TIME TO DATE: _____	Verification Signature:
Time Of This Dive: _____	_____
	☐ Instructor ☐ Divemaster ☐ Buddy
Cumulative Dive Time: _____	Certification No: _____

Dive Number: _____

Date: _____

Location: _____

Ocean: _____

SI	PG		PG

☐ Computer Dive

BOTTOM TIME
_____
DEPTH

TIME IN:	TIME OUT:

RNT _____
ABT _____
TBT _____

VISIBILITY:
_____

Bar / psi START	Bar / psi END

TEMP: Air _____ Surface _____ Bottom _____

GEAR USED

BCD: _____

Wetsuit: _____

Fins: _____

Weights: _____ kg/lbs

Cylinder: _____ Litres

DIVE SHOP STAMP

☐ **Steel**   ☐ **Aluminium**

☐ **Fresh**   ☐ **Salt**   ☐ **Shore**   ☐ **Boat**   ☐ **Drift**   ☐ **Right**   ☐ **Training**

Dive Comments:

_____

_____

_____

_____

_____

BOTTOM TIME TO DATE: _____	**Verification Signature:**
Time Of This Dive: _____	_____
	☐ **Instructor** ☐ **Divemaster** ☐ **Buddy**
Cumulative Dive Time: _____	**Certification No:** _____

Dive Number: _____
Date: _____
Location: _____
Ocean: _____

SI	PG		PG

☐ Computer Dive

BOTTOM TIME
_____
DEPTH

TIME IN:	TIME OUT:

Bar / psi START	Bar / psi END

RNT _____
ABT _____
TBT _____

VISIBILITY:
_____

TEMP: Air _____ Surface _____ Bottom _____

GEAR USED
BCD: _____
Wetsuit: _____
Fins: _____
Weights: _____ **kg/lbs**
Cylinder: _____ **Litres**

☐ **Steel** ☐ **Aluminium**
☐ **Fresh** ☐ **Salt** ☐ **Shore** ☐ **Boat** ☐ **Drift** ☐ **Right** ☐ **Training**

DIVE SHOP STAMP

Dive Comments:
_____
_____
_____
_____
_____

BOTTOM TIME TO DATE: _____

Time Of This Dive: _____

Cumulative Dive Time: _____

Verification Signature:
_____

☐ **Instructor** ☐ **Divemaster** ☐ **Buddy**

Certification No: _____